JN046196

ドゥーアン社長の逆境

社労士と税理士が教える会社のしくみ

ヒドイ会社はどこがダメなのか？

社会保険労務士
堀下 和紀

税理士
岩浅 公三

労働新聞社

はじめに

　会社のしくみの基礎（会社法・会計・税務・労務）を税理士と社労士が小説を通して、やさしくレクチャーします。

　典型的なダメダメ会社の社長となったドゥーアンが、悲惨な末路をたどる様子をわかりやすく表現します。

　ワンマン経営・どんぶり勘定といった典型的な中小企業のダメな部分に焦点をあて、どこがダメなのか？　どのような結末になるか？がわかります。脱税した結果、税務調査でどうなるか？　粉飾決算の発覚で銀行からの融資引き上げ等の様子がわかります。

　セクハラ・パワハラ・過重労働・未払残業・不当解雇といった典型的なブラック企業をとりあげ、どこがダメなのか？　どのような結末になるか？　がわかります。労働基準監督署の調査を無視し続けた結果、逮捕・書類送検・起訴になる様子がわかります。

　この物語を通して、少しでも会計・労務の疑問が解ける一助になれば幸いです。

社会保険労務士　堀下　和紀

税理士　岩浅　公三

第3章　ヒドイ会社の労務管理

第4章　ヒドイ会社の財務会計

登 場 人 物

堂安　飛来（どうあん・とらい　ドゥーアン）
堂安株式会社　代表取締役社長（5代目）。中・高・大学時代はラグビー部

社会保険労務士　花園　翔（はなぞの・かける）
ドゥーアンの高校・大学時代のラグビー部の同僚。花園社会保険労務士事務所　代表者

税理士　秩父宮　拓留（ちちぶのみや・たくる）
ドゥーアンの高校・大学時代のラグビー部の先輩。秩父宮税理士事務所　代表者

堂安　震便（どうあん・しんびん）
堂安株式会社　取締役会長。ドゥーアンの父

堂安　ノッ子（どうあん・のっこ）
堂安株式会社　経理部長。ドゥーアンの妹

税理士　汚腐　再怒（おふ・さいど）
堂安株式会社　顧問税理士。汚腐税理士事務所　代表者

拝　拓瑠（はい・たくる）
汚腐税理士事務所　職員

真黒支店長（まくろ・してんちょう）
フルバック銀行　元京都支店長

李玲夫（り・れいふ）
フルバック銀行　新京都支店長

古場　津久（ふるば・つく）
堂安株式会社　営業部長

千田　綾（せんた・あや）
堂安株式会社　デザイン部社員

陰田　聖舞子（いんだ・せぶこ）
震便会長の愛人

倉内　バインドセット（くらうち・ばいんどせっと）
堂安株式会社　取締役

序　章

NDA（秘密保持契約）

１．ドゥーアンが堂安株式会社の取締役に就任

　堂安飛来（どうあん・とらい）、通称ドゥーアンは、父親の会社、堂安株式会社の取締役に就任することとなった。

　ドゥーアンは、いわゆるお受験をしてみやこ大学付属みやこ小学校に入学し、中学、高校、大学の16年間をみやこ大学系列で過ごした。大学を卒業し父親のコネで大企業に就職はしたものの、父親の鶴の一声で突然退職、そして家業の呉服卸売業の堂安株式会社に呼び戻されたのである。

　ドゥーアンは、小さいころからラグビーに明け暮れていて、小学校から大学まで一貫してラグビー部に所属していた。

　家業に戻ったものの、業界全体が冷えこみ、堂安株式会社の業績も下降線の一途をたどっており、ドゥーアンは途方に暮れていた。

　実の父親である堂安震便（どうあん・しんびん）はワンマン社長として君臨していた。そもそも会社の仕組みが全くわかっていなかったドゥーアンは、社長に一切意見をいうことさえできず、不安のまま毎日を過ごしていた。

　社内には、実の妹、堂安ノッ子（どうあん・のっこ）が経理部長として働いていた。ドゥーアンとは子供の頃から仲が悪く、今でもほとんど口を利くことがない状況だった。先行きが心配なので業務として経理的数字の意味を聞こうとしても、むしろ実質的に妨害されている状況であった。

　堂安株式会社には、汚腐再怒（おふ・さいど）という顧問税理士が存在する。汚腐税理士は、震便社長に逆らえないイエスマンでしかない。ドゥーアンは、職務上必要なことがあり、汚腐税理士に会社のことを確認したことがあったが、

まったくもって当を得ない回答しか得られなかった。わからないふりをしているのか、本当にわからないのか、ドゥーアンにもわからなかった。

２．NDA（秘密保持契約書）を花園社労士、秩父宮税理士と交わす

　ドゥーアンは、学生時代のラグビー部の同僚の事務所にいた。**花園翔（はなぞの・かける）は社会保険労務士である**。もう１人、一つ上の先輩である**秩父宮拓留（ちちぶのみや・たくる）は税理士**である。

　ドゥーアンは、堂安株式会社の取締役に就任するにあたり、社会保険労務士と税理士に相談したかった。会社の顧問として迎えたかったのだが、父親に反対されそれが叶わず、やむを得ず個人的に相談することとなった。

花園社労士　一応、NDA 交わしておこうね。親しき中にも礼儀ありってとこかな？

ドゥーアン　えぬでぃーえー？

花園社労士　そう。Non-disclosure agreement。略して NDA。秘密保持契約ってことね。まあ、そもそも僕らは社労士と税理士だから、**社労士法と税理士法で業務上知り得た秘密は洩らさない**けどね。僕らは堂安株式会社の顧問じゃないし、一応ね。

ドゥーアン　ああ、なるほどね。でもさあ、そんな契約書交わしたら相談料払わなきゃいけないんじゃない？

秩父宮税理士　そう、１億円。先輩の僕が 7,000 万で後輩の花園が 3,000 万だね。

ドゥーアン　せんぱーい、頼みますよぉ。先輩と後輩の仲じゃないですか。ラグビー部の仲間じゃないですかぁ。One for all, all for one ですよ。今風なら One team です。

秩父宮税理士　まあいいよ。確かに、取締役になっても京都の最低賃金レベルにも満たない役員報酬しかもらってない、かわいそうな後輩のためだからなあ。オッケー、報酬はみやこ大学付属小学校のラグビー部のコーチを引き受けることと、相談1件につき私のタックルを5回受けることな。

ドゥーアン　了解しました。先輩命令ですからね。

花園社労士　いやいや、僕らこそがボランティアだからね。

ドゥーアン　失礼しました。どうぞよろしくお願いいたします。でもタックルだけは優しくお願いします。

秩父宮税理士　気合が足りないな、今100回程タックル受けとくか。

ドゥーアン　すいません。本当によろしくお願いいたします。

秩父宮税理士　了解。優しくタックルは無理かもしれないが、説明はやさしくするから安心して。

花園社労士　そう。先輩のいうとおり説明はやさしく、わかりやすくするから安心して。

ドゥーアン　ありがたいです。今後ともよろしくお願いいたします。

秘密保持契約書

　甲、乙、丙は、甲が乙、丙に対して相談するにあたり、以下のとおり合意するものとする。

（秘密保持）

第1条　乙、丙は、甲の許可なくして、本件相談に関して開示される一切の情報を第三者に開示、漏えいしてはならない。

（情報の管理）

第2条　乙、丙は、甲より開示される秘密情報一切の件について、善良なる管理者の注意をもって厳重に扱う。

2　甲が要求した場合、乙、丙は、秘密情報の全てを甲に返還するか、もしくは、甲の指示する方法によって破棄する。

（相談後の扱い）

第3条　本件相談終了後も前各条の規定は有効とする。

　本契約の成立を証するために本契約書3通を作成し、甲乙丙それぞれが記名押印のうえ、各1通を保有するものとする。

　　　　　　　　　　　　　　　　　　20XX年　XX月　XX日

甲　　堂安株式会社　取締役　堂安　飛来　　　㊞

乙　　社会保険労務士　花園　翔　　　　　　　㊞

丙　　税理士　秩父宮　拓留　　　　　　　　　㊞

第1章

ヒドイ会社の財務会計

1．取締役就任命令

　ドゥーアンがある日いつもどおりに勤務しているアゲイン株式会社に出社すると、人事部長から呼び出された。

人事部長　昨日、君のお父さんから連絡があってね。**堂安株式会社の取締役として呼び戻すので今週いっぱいで退職させてくれと。**
ドゥーアン　えっ、部長、何かの冗談ですよね？　私は何も聞かされていませんが。
人事部長　私も困っているのだよ。一度、お父さんに電話してみたら？
ドゥーアン　今ここでいいですか？
人事部長　いいですよ。

　ドゥーアンが父親である震便社長に電話した。

震便社長　おおっ久しぶり。何か用か？
ドゥーアン　お父さん、今会社に来たらお父さんから連絡があって今週いっぱいで退職だといっておられると。
震便社長　そのとおりだ。ワシの会社の営業部長が大病になってだな、お前にその仕事を任そうと思って。
ドゥーアン　そんな急にいわれても、色々準備もありますので。
震便社長　つべこべいわずにお前はワシのいうとおりにしたらいいのだ。アゲイン社に入れたのもワシのおかげだろう。だから、辞めるときもワシの勝手。**うちの会社の取締役になってもらうからな。**

　ドゥーアンは沈黙した。しかし、**幼少の時から父のいうことに歯向かえない**ことは明白であったので、ああ自分の人生はこういうものかと心の中では割り切っていた。

震便社長　何を黙っているのだ、お前は小さい時からいつもそうだな。とりあえず、来週月曜日8時30分にワシの会社へ来い。わかったな。

人事部長　飛来くん、どうやら本当みたいだね。お父さんとは古くからの知り合いだが、あの人がこういいだすと、我々としてもどうすることもできない。今週いっぱいで退職の手続きをとらせてもらうよ。

ドゥーアン　部長、すいません。突然こんなことになって。お世話になりました。

人事部長　まあ、君が入社した時からいつかはこうなるとは思っていたよ。大変だと思うが頑張りたまえ。

　ドゥーアンは、悲しむ間もなく、早速、**退職届を提出しアゲイン株式会社を退職した**。そして、翌週の月曜日、ドゥーアンは堂安株式会社の社長室にいた。

震便社長　これから**営業のトップの取締役として頑張れ**よ。役員の手続きは進めてあるからな。それと紹介しておこう。汚腐税理士事務所の当社の担当者の拝君だ。

拝　拝拓瑠（はい・たくる）と申します。今後ともよろしくお願いします。飛来さんの役員就任の手続きは既に完了しておりますのでご安心ください。

ドゥーアン　堂安飛来です。わからないことばかりでご迷惑おかけしますが、よろしくお願いいたします。

秩父宮税理士のレクチャー

(1) 会社法上の取締役の選任方法と職務、履歴事項全部証明書の見方

　ドゥーアンは、秩父宮税理士事務所を訪れていた。そして、堂安株式会社で取締役となった経緯のことを秩父宮に相談していた。

秩父宮税理士　凄いスピード出世だね。一企業の営業が一気に取締役とは。
ドゥーアン　冗談はやめてくださいよ、僕は不安と疑問だらけで。僕は何もしていないのに本当に取締役なのでしょうか？
秩父宮税理士　就任承諾書に署名や印鑑とか押してないの？
ドゥーアン　まだ何も印鑑とか一切押したことないです。保険の手続きとかがあるので免許証と年金手帳のコピーだけは先にFAXしろといわれたので送りましたが。顧問税理士の担当者は手続きが全て済んでいるというのですが不安で。
秩父宮税理士　会社の定款（ていかん）や株主名簿、登記事項証明書は見たことある？
ドゥーアン　いや、ないです。お恥ずかしながら言葉の意味さえわかりません。
秩父宮税理士　では、まずはオンラインで堂安株式会社の登記事項証明書を見てから、今の取締役が誰なのかを確認してみよう。他の書類は公表されていないから次回の相談までに確認して持ってきて。
ドゥーアン　えっ？　僕が会社の役員かオンラインで確認できるのですか？
秩父宮税理士　もちろんできるよ。まず、登記事項証明書のことから説明していこう。

登記事項証明書とは？

　登記事項証明書とは、株式会社やその他の法人についての登記である法人登記のほか、不動産の権利関係などについて記載した不動産の登記について記録された情報を証明するための書類。このうち、株式会社の**登記事項証明書におけるおもな記載内容**は、「商号（会社名）」「本店所在地」「事業目的」「会社設立日」「資本金の額」「役員に関する事項」など、ごく基本的な情報になる。そして、「登記事項証明書」には、以下の4種類がある。

【4種類の登記事項証明書】

1	現在事項証明書	現在の会社の情報を証明する書類。会社名や住所、会社の設立年月日などの基本的な情報と、現在の代表取締役、取締役、監査役などの役員と、その就任年月日が記載されている。
2	履歴事項証明書	現在事項証明書の内容に加えて、基準日以後に抹消された履歴事項が記載される証明書。
3	閉鎖事項証明書	閉鎖事項証明書には、法人が閉鎖された内容が記載されている。清算結了の場合や、他の管轄の法務局に本店移転した場合、会社が組織変更した場合などは登記事項が閉鎖される。
4	代表者事項証明書	会社の代表者の事項に特化した証明書。

秩父宮税理士　今後、代表取締役になって銀行などから**会社の謄本をください**などといわれるケースが出てくると思うが、大体この登記事項証明書の中の**履歴事項証明書**を提出しておけばオッケーだから覚えておくといいよ。

ドゥーアン　わかりました。それがオンラインでも見られるのですね。本当に僕が役員かも確認できるのですよね。

秩父宮税理士　そうだよ、早速オンラインで確認してみよう。

　秩父宮税理士は、**登記情報提供サービス**（https://www1.touki.or.jp/）で堂安株式会社の履歴事項証明書を取得し印刷してドゥーアンに手渡した。

【堂安株式会社履歴事項証明書（一部抜粋）】

会社法人等番号	＊＊＊＊－＊＊－＊＊＊＊＊	
商号	堂安株式会社	
本店	京都市下京区＊＊＊＊＊＊＊＊＊＊	
公告をする方法	官報に記載する	
会社成立の日	昭和 43 年 6 月 20 日	
目的	1．繊維及び繊維製品の販売 2．和装製品の製造及び販売 3．不動産の賃貸及び管理業務 4．上記各号に付帯関連する一切の業務	
発行可能株式総数	5000 株	
発行済株式の総数 並びに種類及び数	発行済株式の総数 　1000 株	
株券を発行する旨 の定め	当会社の株式については、株券を発行する。	
資本金の額	金 5000 万円	
株式の譲渡制限に 関する規定	当会社の株式を譲渡するには、取締役会の承認を得なければならない。	
役員に関する事項	取締役　堂 安 震 便	平成 19 年　5 月 29 日重任
		平成 19 年　6 月 10 日登記
	取締役　堂 安 震 便	平成 29 年　5 月 24 日重任
		平成 29 年　6 月　9 日登記
	取締役　倉 内　バインドセット	平成 19 年　5 月 29 日重任
		平成 19 年　6 月 10 日登記
	取締役　倉 内　バインドセット	平成 29 年　5 月 24 日重任
		平成 29 年　6 月　9 日登記
	取締役　堂 安　ノッ子	平成 29 年　5 月 24 日就任
		平成 29 年　6 月　9 日登記
	取締役　堂 安　飛 来	平成 29 年 10 月 23 日就任
		平成 29 年 10 月 26 日登記
	京都市左京区＊＊＊＊＊＊＊＊＊＊ 代表取締役　堂 安 震 便	平成 19 年　5 月 29 日重任
		平成 19 年　6 月 10 日登記
	京都市左京区＊＊＊＊＊＊＊＊＊＊ 代表取締役　堂 安 震 便	平成 29 年　5 月 24 日重任
		平成 29 年　6 月　9 日登記
	監査役　汚 腐 再 怒	平成 19 年　5 月 29 日重任
		平成 19 年　6 月 10 日登記
	監査役　汚 腐 再 怒	平成 29 年　5 月 24 日重任
		平成 29 年　6 月　9 日登記
取締役会設置会社 に関する事項	取締役会設置会社	
監査役設置会社に 関する事項	監査役設置会社	

秩父宮税理士　では、簡単に見方を解説しておくね。ポイントとしては、**下線があるのが抹消された事項である**ことを示しているのだよ。逆にいえば、**下線のないものが現在の事項**を示している。

ドゥーアン　なるほど、重任というのは何ですか？

秩父宮税理士　重任とは、取締役や代表取締役、監査役などが任期満了によって退任し、同じ日に定時株主総会で再選されることをいうのだよ。役員には**任期**というのがあってこれは会社法で現在**最長 10 年**まで任意に定めることができるようになっており、会社の定款に定められている。定款を確認してみないといけないが、おそらく堂安株式会社の任期は最長の 10 年に定められている。

ドゥーアン　定款って何ですか？

秩父宮税理士　定款とは、簡単にいえば会社を運営していく上での**基本的規則を定めたもので、会社の法律**だね。具体的には、**その会社の商号**（名称）、**目的**（事業内容）、**本店所在地**をはじめとして、**株式や機関設計の内容**、あるいは**決算日**がいつか等の事項がその中に規定されている。登記されている事項よりもさらに詳しく会社の事項を定めてある。

ドゥーアン　よくわかりました。

秩父宮税理士　それで本題に戻るが、ドゥーアンは平成 29 年 10 月 23 日に取締役に就任して平成 29 年 10 月 26 日に登記されているよ。

ドゥーアン　本当ですね。アゲイン株式会社で人事部長に呼ばれたのがその日です。その日に既に取締役になっていたのですね。しかし、何も印鑑とか押していないのに、なぜなんでしょう？

秩父宮税理士　そこが問題だよね。新たな取締役が就任するには以下の手順が本来は必要なのだよ。

1　取締役会において、取締役選任のための株主総会（臨時）の開催日時、開催場所を決定する。

2　株主へ株主総会開催招集通知を発送する。

3　既存の取締役が出席した株主総会（臨時）において、取締役の追加増員の決議を採択する。

4　株主総会議事録を作成し、新役員の取締役就任承諾書を作成する。

5　登記申請書に株主総会議事録と新役員の取締役就任承諾書他を添付して登記手続きをする。

秩父宮税理士　中小企業の場合には、1〜3は割愛されて4の書類のみ作成して登記される場合が多いのが実情だよ。

ドゥーアン　僕も少しだけ父親から贈与を受けて株式をもっていたような気がします。でも、株主総会とか呼ばれたことないですね。

秩父宮税理士　あくまで予測だが、今回は4の書類を顧問税理士事務所の担当者が作成して認印を押して申請していると思うよ。

ドゥーアン　そんなことができるのですか？

秩父宮税理士　取締役会を設置している会社の場合、**登記に必要な書類は登記申請書のほかに、①株主総会議事録、②株主リスト、③就任を承諾したことを証する書面、④本人確認書類で、③の就任を承諾したことを証する書面は印鑑**が必要なのだが、これは**認印でオッケー**なんだよ。

ドゥーアン　絶対勝手に押していますね。堂安の認印。

秩父宮税理士　本人確認書類は、住民票の写し等の公的書類が一般的なのだが、免許証のコピーに「原本と相違なし」として記入して押印すればオッケーになってしまう。この印鑑も認印でオッケーなのだよ。

ドゥーアン　なるほど、謎が解けました。だから免許証のコピーをFAXさせ

たのですね。ですが、こんなこと許されるのですか?

秩父宮税理士　実際、お家騒動などで揉めて問題になることもあるよ。ドゥーアンが代表取締役になってからは、きっちりした手順を踏むことをお薦めする。そもそも、税理士事務所が登記の書類を作成するのも違法なんだ。本来、司法書士がその専門で書類作成して代理申請してくれるので、今後はそちらに依頼した方がいいね。

ドゥーアン　わかりました。ありがとうございます。

秩父宮税理士　話は変わって、最後に**取締役の職務**について確認だけしておくと、次のとおりになるんだ。

❖　取締役の職務　❖

1	会社運営の重要事項や方針を決定し、業務執行を代表取締役に委任すること
2	代表取締役の業務執行の監査をすること
3	代表取締役の選定、解職をすること
4	その他重要事項の業務執行における意思決定をすること

秩父宮税理士　以上なので、取締役としてしっかり職務を果せよ。

ドゥーアン　わかりました。でも現実、父親には逆らえないので全部無理です。

秩父宮税理士　そんな心構えでは先が思いやられるな。次回は汚腐税理士事務所の担当者に確認すれば定款と株主名簿は手に入ると思うので、それを確認しながら相談にのるよ。

ドゥーアン　了解しました。では、失礼します。

秩父宮税理士　報酬のタックルがまだだよ。

ドゥーアン　ええぇ、まじですか!

２．代表取締役就任

（1）取締役営業部長の安月給

　ドゥーアンはいつもどおり堂安株式会社に出社し、営業の準備をニヤニヤしながら行っていた。なぜニヤニヤしているのかというと、今日は堂安株式会社で初めての給料日、妹で経理部長である堂安ノッ子のもとに給与明細を取りにいった。

ノッ子　はい、給与明細。私にはついていない役員報酬もついているし、よかったね。
ドゥーアン　おっ、そうなの。期待できるな。

　ドゥーアンは、恐る恐る給与明細を見て自分の目を疑った。

取締役営業部長　堂安飛来	
役員報酬	20,000 円
基本給	80,000 円
職能給	50,000 円
営業手当	30,000 円
課税支給合計	180,000 円

ドゥーアン　えっ、ノッ子、これって計算間違えてない？
ノッ子　いわれたとおりの金額だよ。私は16万円だからお兄ちゃんの方が断然いい。
ドゥーアン　わかった、とりあえずお父さんに聞いてみる。

　ドゥーアンは社長室に向かった。

ドゥーアン　失礼します。給与のことでちょっとお話しが。

震便社長　お、どうした？　ワシの一存で役員報酬までつけておいた、感謝しろよ。

ドゥーアン　はい、ありがとうございます。先程、ノッ子から明細をいただきました。ところで、役員報酬って2万円ですか？

震便社長　そうだ、ありがたいだろう。普通なら最初は16万円だ。

ドゥーアン　はあ、しかし、**合計でも前職の初任給にも満たない金額でして…。**

震便社長　なんだ、ワシが決めたことに不満があるのか？　うちの社員はみんな15万円くらいからのスタートだ。それに比べたら親の恩情が入っている。ありがたいと思え。頑張ったら賞与で還元してやる。

　ドゥーアンは、これ以上いっても仕方がないと思って、諦めて話題を違うことに変えた。

ドゥーアン　ところで、会社の株主名簿や定款ってありますか？　いろいろ役員として勉強しておこうと思って。

震便社長　勉強よりお前は営業して物を売ってきてなんぼだ。どうしても気になるなら、汚腐税理士事務所の拝くんがもうすぐ来るはずだから依頼したらいい。

　しばらくして、社長室にノックの音がした。

拝　失礼します。おはようございます社長。あっ、取込中なら後にしましょうか。

震便社長　いや、ちょうどよい。飛来がなんかほしいらしいから話を聞いてやってくれ。

拝　はい。飛来さん、御用でしょうか？

ドゥーアン　会社の定款と株主名簿が欲しいのです。

拝　了解しました。定款はコピーがあったはずです。株主名簿はすぐに作成いたします。

ドゥーアン　では、後程メールで送っていただけますか。

拝　承知しました。今日中にはメールできると思います。

(2) 突然代表取締役社長に !!

　ドゥーアンは安い給料にも文句をいわず、不屈の闘志で営業に精を出して、新規の契約をどんどん取っていた。

　ある日、ドゥーアンは、震便社長から実印を持って来るようにいわれた。ドゥーアンは、訳もわからないまま自宅に実印を取りに行き、堂安株式会社の社長室へ向かった。社長室には、震便社長と見慣れない顔が1名である。

震便社長　おおっようやく戻ったか。まずは紹介しておこう。うちの顧問税理士である汚腐先生だ。

ドゥーアン　はじめまして堂安飛来です。いつもお世話になっております。

汚腐税理士　君が飛来くんか、お父様からよく聞いているよ。**汚腐税理士事務所代表の汚腐再怒（おふ・さいど）です。**

震便社長　ところで本題だが、ワシはクルーズ船で世界一周旅行に行くことに決めたから、しばらく会社に来ることができない。飛来、お前**社長を代わって**くれ。

ドゥーアン　ええっ、いつからですか？

震便社長　善は急げ、今すぐにだ。書類は先程、汚腐先生に頼んだので拝くんが作成してもうすぐここに持ってくるはずだから。

拝　失礼いたします。お待たせしました。印鑑いただく書類は全て整っています。

震便社長　ありがとう。ほら飛来、さっさと**実印を押して、営業に戻れ！**　汚腐先生、さすがに**社長で18万円**は可哀想だし**25万円になるよう役員報酬を上げよう**と思うが、どうだろう？

汚腐税理士　いいと思います。では、手続きは拝君、任せたよ。

拝　先生、了解しました。早速、書類作成しておきます。

　ドゥーアンは、訳がわからないまま実印を押すしかなかった。

（3）会長になったので２億円の退職金を要求！

　ドゥーアンは社長に就任し、次の日の朝礼で社員の前で挨拶をした。社内からはワンマン経営から変わるのではないかと期待の声が聞こえていた。朝礼を終わるとドゥーアンは会長室に呼ばれた。そう、社長室のプレートが変わっただけで震便会長がちゃっかり部屋をそのまま使っていたのだ。

震便会長　どうだ、社長になった気分は？

ドゥーアン　まだ、あまり実感がなく。

震便会長　まあ頑張れ、応援しているから。ところで、ワシもクルーズ船の旅やなんやかんやで金がいる。早急に退職金の支払いをしてほしいのだ。

ドゥーアン　まだ会社におられるのに退職金支払うのでしょうか？

震便会長　何をワシに講釈たれているのだ。社長を辞任したのだから当たり前だろ。既に汚腐先生とも相談してオッケーをもらっている。

ドゥーアン　失礼しました。**退職金の額はいくらでしょうか？**

震便会長　それも汚腐先生と相談した。ワシの現状の**役員報酬と在籍年数から**いけば４億円くらい取ってもいいと。しかし、可愛い息子に苦労はかけさせたくないので半分の２億円で妥協しておいてやる。

ドゥーアン　２億円ですか？　そんなお金はすぐに支払えるかどうかノッ子に確認しないと。

震便会長　無ければ銀行に借入を起こせば済む話だ。すぐにでも貸すだろう。飛来社長の初めての銀行との折衝の勉強にもなるじゃないか。

ドゥーアン　わかりました。

　ドゥーアンは、いつものごとく歯向かえずそういうしかなかった。そして、すぐにノッ子を呼び出した。

ドゥーアン　お父さんの退職金に2億円必要みたいだが、お金ある？

ノッ子　銀行から借入しないと無理だわ。決算申告が終わったら銀行に申込みするので、それからでいい？

震便会長　銀行の支店長にはワシから早く融資しろといっておくから、融資おりたらいつものところに半分振込で半分は現金で。

ノッ子　わかりました。そうしますね。

震便会長　それから汚腐先生に確認したら、**役員報酬を半分以下にしないといけないらしく、来期から月額500万円から240万円にする**からこれで会社は随分と楽になるな。飛来もワシぐらい役員報酬をとれるぐらい頑張るのだ。

ドゥーアン　わかりました。

秩父宮税理士のレクチャー

（1）同族会社と株主総会決議

　ドゥーアンは、落胆した後でも新規の取引先の獲得をし、秩父宮税理士事務所に半ば愚痴を聞いてもらうために缶ビールを片手に訪れていた。

秩父宮税理士　社長就任おめでとう。今日は社長の役員報酬で奢ってくれる約束だったね。

ドゥーアン　冗談はやめてくださいよ。僕はさらに不安と疑問だらけで。役員報酬ってこんなものなのでしょうか？

秩父宮税理士　一般的には、**取締役の報酬は株主総会で総額を決めて、個々の取締役の報酬は取締役会で決定する**。もちろん取締役会なんて開催されていないだろうけどね。ところで、株主名簿と定款は入手できた？

ドゥーアン　はい、もちろん取締役会なんて開催されていません。株主名簿と

定款は持ってきました。やはり僕も株主だったようです。定款は見ても何のことかさっぱりで。

秩父宮税理士 あらためて説明すると、**定款とは会社の屋号、事業の目的、本店の所在地、資本金額、株式、組織、運営など会社の基本的な運営上のルール等を定めたもの**のことをいう。いわば、「**会社の憲法**」といってもいいだろう。株式会社を設立する場合には必ず作成して設立時には公証人の認証を受ける必要もある。細かな内容は、その都度説明するので。

ドゥーアン わかりました。では、常に手元にあるようにしておいた方がいいですね。

秩父宮税理士 そうだね。では、まずは株主名簿を見せてくれるかな。

【堂安株式会社の株主名簿】

株主名	株式数（全て普通株式）	関係（ドゥーアン代表取締役就任前）
堂安　震便	700 株	代表取締役
堂安　泰造	140 株	震便の弟
堂安　飛来	60 株	取締役兼営業部長
堂安　ノッ子	40 株	震便の長女
堂安　赤札	40 株	泰造の長男
汚腐　再怒	20 株	監査役、顧問税理士
合計	1,000 株	以上6名

秩父宮税理士 典型的な同族会社だね。

ドゥーアン どういう意味ですか？

秩父宮税理士 会社法上、**3分の2以上株式を保有しているとほぼ会社を自由にできる。**

ドゥーアン なるほど。

秩父宮税理士 それから同族会社の場合、法人税法上もいろいろな縛りがあったりするから、まずは、簡単に会社法による株主総会の決議の件と法人税法上の同族会社のことを理解しておくといいよ。

❖　**株主総会の決議**　❖

秩父宮税理士　株主総会とは、株式会社の最高意思決定機関のことをいうんだ。全ての株式会社は株主総会を置くことが定められているよ（会社法295条）。会社の運営は、取締役や取締役会が行うんだけど、取締役の任命そのものが株主総会になっている等、会社の重要な決議する権限が与えられているんだ。

　お父さんが**株式の3分の2以上の株式を持っているということは、ほとんど全て自分の思いどおりにすることが可能**といえるね。「株主総計の決議の表決数の一覧」は以下のとおりだよ。全ての株式を譲渡制限にする場合等**特殊なものの決議を除いて、普段の決議はほぼ3分の2以上でできてしまう**と考えておけばいいね。

【株主総会の決議の表決数の一覧表】

決議の種類	定足数	表決数	定足数・表決数の加重軽減の可否
普通決議	過半数	出席した当該株主の議決権の過半数	定足数は定款で変更・排除が可能
特殊普通決議			定足数は3分の1未満には変更不可
特別決議		出席した当該株主の議決権の3分の2以上	定足数を3分の1以上の割合に変更可能、表決数を条文規定を上回る割合に変更可能
特殊決議（309条3項）	なし	議決権を行使できる株主の半数以上、かつ当該株主の議決権の3分の2以上	条文規定を上回る割合に変更可能
特殊決議（309条4項）	なし	株主の半数以上、かつ、総株主の議決権の4分の3以上	条文規定を上回る割合に変更可能

※他にも株主全員の同意が必要な決議もあり。

ドゥーアン　難しいですね。さっぱり頭に入りませんが**3分の2以上株式を持っていると強い**ということだけなんとなくわかりました。

秩父宮税理士　次は、持参した会社の定款21条株主総会の決議を確認してみよう。

定款抜粋

（株主総会の決議）

第21条　株主総会の決議は、法令又は定款に別段の定めがある場合を除き、出席した議決権を行使することができる株主の議決権の過半数をもって行う。

2　会社法第309条第2項の定めによる決議は、定款に別段の定めがある場合を除き、議決権を行使することができる株主の議決権の3分の1以上を有する株主が出席し、その議決権の3分の2以上をもって行う。

秩父宮税理士　21条1項は普通決議のことを表わしていて、原則どおり過半数の出席で出席した株主の過半数で決議が決まるということ。

ドゥーアン　過半数の出席ということは、父親が出席しないと過半数になりませんよね。

秩父宮税理士　おっ、理解が早いね。2項は特別決議のことを表わしていて、こちらは原則から定足数を変更して、3分の1以上の出席で出席した株主の3分の2以上で決議が決まるということ。

ドゥーアン　父親が3分の2以上持っているので、こちらも父親が出席しないと3分の1以上になりませんよ。

秩父宮税理士　続けて理解が早いね。そのとおり。結局はお父さんが出席しない株主総会を行っても決議自体できないし、出席すればお父さんの決議で決まることになる。

ドゥーアン　なるほど。普通決議と特別決議って内容的にはどのようなものですか？

秩父宮税理士　普通決議で代表的なものには、計算書類（決算）の承認決議や役員（取締役、会計参与、監査役）の選任・解任決議がある。

ドゥーアン　なるほど、怖いですね。いつでも僕を気に入らなかったら追い出すことが可能なのですね。

秩父宮税理士　そのとおり。特別決議の代表的なものとしては、定款の変更決議、解散や合併の決議等がある。結局、大抵のことができてしまうんだ。

ドゥーアン　じゃあ、父親が勝手に会社を畳むとか、身売りができてしまうのですね。

秩父宮税理士　そのとおり。それから、前回に話をした**取締役の任期を確認し**ておこう。

（取締役の任期）
第27条　取締役の任期は、選任後10年以内に終了する事業年度のうち最終のものに関する定時株主総会の終結時までとする。
　2　任期満了前に退任した取締役の補欠として、又は増員により選任された取締役の任期は、前任者又は他の在任取締役の任期の残存期間と同一とする。

秩父宮税理士　やはり**任期は10年**だね。ということは、まだあと9年程、ドゥーアンは解任されるか自ら辞任しない限り取締役ってこと。

ドゥーアン　長いですね、それまでに追い出されていそうな気がします。

秩父宮税理士　続いて取締役の報酬についても見ておこう。定款36条の取締役及び退職慰労金を見てみよう。

（取締役の報酬及び退職慰労金）
第36条　取締役の報酬及び退職慰労金は、株主総会の決議によって定める。

秩父宮税理士　簡潔に書いてあるね。実はこれは記載がなくても、原則は株主総会で決めることになっている。

ドゥーアン　でも、**株主総会を開いても結局、父親が決められるのですね。**

秩父宮税理士　だんだん賢くなってきたね、通常は、**株主総会では取締役全員の総額を決定することとされているんだ。個々の取締役の報酬は代表取締役に委ねるか、取締役会の決議による**とされているよ。

ドゥーアン　結局は父親が全て決められるのですね。

秩父宮税理士　残念ながらそのとおり。そもそも会社法が取締役の報酬を株主総会の決議事項としている趣旨は、取締役によるお手盛り（取締役が自分で自分に対して高額の報酬を与え、会社の財産を毀損すること）を防止する点にあるが、**典型的な同族会社の場合は結局一緒だね。**

ドゥーアン　同族会社というより、結局、父親の個人商店ですね。

秩父宮税理士　そうともいえるね。

ドゥーアン　わかりました。

秩父宮税理士　続いて、法人税法上の同族会社の定義を押さえておこう。同族会社とは、会社の株主等の３人以下か、特殊関係にある個人や法人が次の場合をいうんだ。

1	発行済株式の総数の 50%超の数の株式を有する場合
2	議決権につき、総数の 50%超の数を有する場合
3	会社の社員の総数の半数超を占める場合

ドゥーアン　父親だけで 50%超持っているので、もうそれで同族会社ですね。ところで、特殊関係にある個人や法人って何ですか？

秩父宮税理士　特殊な関係にある個人や法人とは以下のことをいう。ほぼほとんどの親戚などが入ると考えておくといいよ。

1	株主等の親族（配偶者、六親等以内の血族、三親等以内の姻族）
2	株主等と事実上の婚姻関係にある者
3	株主等の使用人
4	株主等から受ける金銭やその他の資産により生計を立てている者
5	株主等並びに株主等と特殊関係のある個人及び法人で他の会社を支配している場合の当該他の会社。なお、支配しているとは、発行済株式又は出資の 50%超を所有している他の会社をいう。

ドゥーアン　じゃあ、今回のケースの場合、汚腐税理士以外、父親から見て特殊関係にある個人ですね？

秩父宮税理士　そのとおり。頭が冴えてきたね。だから、日本の中小企業の場合は仮に親子や兄弟仲が悪いとしても同族会社には変わりないのが実情なんだ。

ドゥーアン　同族会社の場合、何か制約があるのですか？

秩父宮税理士　同族会社の場合、少数の特定株主により意思決定がされてしまうため、**法人税や所得税の負担を回避できる可能性が大きい**から、特殊な規定

が法人税法上定められているんだ。

ドゥーアン　まさしく堂安株式会社は父親1人で意思決定できますもんね。

秩父宮税理士　みなし役員や使用人兼務役員の判定、法人税法上、役員に支給した過大な給与等は損金にできないなどがある。形式的に役員の名称を持っている者だけでなく、実質的に法人の経営に従事している者も役員の範囲に含める規定があるんだ。

ドゥーアン　いろいろ縛りがあると覚えておけばいいですかね？

秩父宮税理士　そうだね、本来そのあたりは顧問税理士に確認するのが一番。例えば、既に代表取締役になっているドゥーアンは使用人兼務役員にはなれないし、法人税法上は、代表取締役になる前から使用人兼務役員になることができなかったんだ。

ドゥーアン　何か縛りがあるのですか？

秩父宮税理士　使用人分の給与のインセンティブや賞与を出しても、法人税法上の経費とならないなどがあるね。

ドゥーアン　父親が「賞与で還元してやる」といったのは嘘ですね。もう、代表取締役になってしまいましたが。

秩父宮税理士　そういうことだね。

（2）会社法上の代表取締役の責務と選定方法

秩父宮税理士　改めて、代表取締役就任おめでとう。

ドゥーアン　やめてくださいよ。あれで代表取締役になれるのですか？

秩父宮税理士　代表取締役の選定は、本来は取締役会で決定する。定款も確認してみるといいよ。

（代表取締役及び役付取締役）

第28条　取締役会は、その決議により取締役の中から代表取締役社長1名を定め、他に代表取締役を定めることができる。

2　代表取締役社長は、会社を代表し、会社の業務を執行する。

3　取締役会は、その決議により取締役の中から取締役会長1名、取締役副会長、専務取締役及び常務取締役各若干名を定めることができる。

ドゥーアン　でも取締役会なんて開いていないし。

秩父宮税理士　本来は、取締役である堂安震便、堂安ノッ子、倉内バインドセット、ドゥーアンで取締役会を開催し、過半数のオッケーをもらわないといけない。

ドゥーアン　まあ、ノッ子も倉内取締役も父親に逆らえるわけがないですね。

秩父宮税理士　そうだろうね。でも、前回と違って代表取締役の就任の登記には、**代表取締役となる者の実印と印鑑証明が必要**となるね。

ドゥーアン　だから実印と印鑑証明書をもってこいといったのですね。

秩父宮税理士　そして、代表権を持つ取締役を変更する際、新しい代表者を選定したことを証する書面に出席役員の実印を押印し、出席役員全員の印鑑証明書の添付が本来必要とされている。

　例外として、**新しい代表者を選定したことを証する書面について、前代表者が出席して登記所届出印を押印していたら、出席役員全員の印鑑証明書は不要**となっている。

　つまり、会社の実印を押せば、堂安ノッ子と倉内バインドセットの印鑑は、認印でオッケーということになる。

ドゥーアン　また、認印でオッケーなのですか。結構、適当なのですね、登記って。

秩父宮税理士　だから、同族会社の社長の机には全取締役や監査役の認印がおいてあるのは、あるあるだよ。

ドゥーアン　それはそうと、僕はいつのまにか代表取締役になったのですが、**代表取締役って、どんな責任があり何ができるのでしょうか？**

秩父宮税理士　代表取締役は、意思決定機関である株主総会や取締役会の決議に基づいて、**単独で会社を代表して契約等の行為を行う**ことができるんだ。それとともに、**代表取締役は会社の業務を執行する**。日常業務については取締役会からその決定権限が委譲されていると考えられているので、自らも決定も行って、執行する。簡単にいえば、株主総会や取締役会で決まったことを責任もって代表者としてその行為を行っていくわけだね。

ドゥーアン　それじゃあ、僕は父親の子飼いみたいなもので、責任だけ取らさ

れるみたいに聞こえるのですが。

秩父宮税理士　下手したらそういうことになるね。でも、委任されている分、単独で行っていく行為も多いから、悲観的にならず頑張っていこう。

(3) 役員退職金の支給と妥当性

ドゥーアン　先輩、退職金２億円ってひどすぎませんか。勝手に決めていますし。

秩父宮税理士　びっくりだな。でも、株主総会の決議をしても、結局、同じだから半分諦めないと仕方がないね。ただちょっと気になるのは取締役として残っていることだろう。しかも決算時点で未払いだし。

ドゥーアン　はい、そのとおりです。しかも、役員報酬もまだ僕の８倍をとろうとしています。しかも、本来、この退職金は４億円が妥当だといっているのですが本当ですか？

秩父宮税理士　まず、この金額の妥当性を検証してみよう。中小企業の役員の退職金は税務調査で大丈夫だろうと一般的にいわれているのが、下記の算式なんだ。

> 退職時の役員報酬月額　×　在任期間　×　功績倍率

　一般的に、この功績倍率は、社長の場合は３倍が妥当といわれる。しかし、安易にこの数字及びこの算式を利用するのは非常に危険なんだ。

　今回、汚腐税理士の計算した金額は下記のとおりだと推測できる。

> 役員報酬月額 500 万円×在任期間 28 年×3 ＝ 4 億 2,000 万円

　しかし、そもそもの役員報酬が高い場合、この算式にあてはめたとしても**極端に高い退職金を支給すると損金算入が認められない**。つまり、法人税の計算上経費にならないケースは多々あるんだ。法人税法では、決して役員退職金の具体的な計算式を示されているわけではない。

ドゥーアン　なるほど。一応は計算されていたということなのですね。

秩父宮税理士　**この役員退職金は、税務調査になったら認められない可能性が**

高いよ。

ドゥーアン　それ、どういう意味ですか？

秩父宮税理士　僕がかつて税務訴訟補佐人をして他の税理士が処理したことがある役員退職金について争った事案よりも厳しい。当時、最高裁まで争って、結局、敗訴したからね。余計に気になる。

ドゥーアン　そうなのですか、怖がらせないでください。2億円も否認されたら大変です。

秩父宮税理士　ポイントとなるのは、①お父さんが実際には退職しているといえるかどうか？　②決算時点でその退職金が未払金として処理されている点だね。

ドゥーアン　僕は現時点でどうすればよろしいですか？

秩父宮税理士　退職金としての会計処理や税務処理は、せめて翌期にしてもらうように顧問税理士事務所に掛け合えるかな？

ドゥーアン　わかりました。担当の拝さんに話してみます。

秩父宮税理士　役員退職金は、否認されると法人税ではなく源泉所得税を下手したら半分くらいもっていかれるからね、細心の注意が必要になる。

ドゥーアン　一応これでも社長になったわけですし、責任問題にもなりかねないですしね。

秩父宮税理士　いい心掛けだ。じゃあ、今日の報酬の請求書だよ。

ドゥーアン　ええ⁉　請求書ってお金ないのですが、約束はタックルですよね？

秩父宮税理士　よく確認してごらん。

ドゥーアン　請求書……単価：相談料10分5タックル、本日90分につき計45タックル、消費税分（10％）、4タックル、合計請求額49タックル。

秩父宮税理士　49タックル、しっかり払ってもらうよ。

ドゥーアン　先輩、せめて10回程度にしてください。うわあ！

３．損益計算書

(1)社長が決算書に興味を抱く。しかし怪しい損益計算書その実態は？

　ドゥーアンが代表取締役になってから初めての決算申告。汚腐税理士事務所の拝拓瑠氏が会社を訪問し説明を行っていた。

拝　決算書ができあがりました。今回はこのようになります。

　拝は、決算書と勘定科目内訳書のドラフトだといってドゥーアンにコピーを渡した。

ドゥーアン　ありがとうございます。決算は初めてなので簡単に解説してもらえますか？
拝　簡単に解説すると、今回利益が 6,000 万円出ていましたが、震便会長の退職金を 2 億円未払計上したので 1 億 4,000 万円の赤字で法人税等は発生しません。消費税のみ納めていただくことになります。
ドゥーアン　そうそう、その**退職金なのですが処理を翌期に回せませんか**？
拝　なぜですか？　汚腐所長のお墨付きで問題ありませんし、震便会長からも強くこの処理を求められています。

　ドゥーアンはしばらく考えたが、汚腐税理士がそこまで検討してくれたうえでの処理なら問題ないかと思い、話を続けた。

ドゥーアン　法人税等の支払いがないのはありがたいですね、でも、もう少し具体的に決算書の見方や中身を教えていただけませんか？
拝　すいません。いつも我々に決算や申告はお任せで解説はしたことがなく、

何の解説が必要でしょうか？　わからなければ経理部長のノッ子さんに聞いていただければ。

ドゥーアン　税理士事務所って決算内容の解説をしていただけると思っていたのですが、まあいいです、ノッ子に確認してみます。

拝　では、こちらの方に全て印鑑をお願いします。

ドゥーアン　わかりました。

　ドゥーアンは、わけのわからないままに全ての書類に押印を行った。そして、拝が帰った後に経理部長であるノッ子を呼び出した。

ノッ子　何か用？　私は忙しいのだけど。

ドゥーアン　いや、忙しいところ申し訳ない。初めての決算で内容わからないから汚腐税理士事務所に聞いたら、ノッ子に聞いてくれって。

ノッ子　私にいわれてもわからないよ。昔からいわれたとおりに処理しているだけだし。勝手に本とか読んで勉強したら。

ドゥーアン　わかった。勉強はしてみるが何か中身を見る方法はある？

ノッ子　会計ソフトはお兄ちゃんのパソコンにも入っていて見られるから見てみたら？　はい、これマニュアル。ID とパスワードだけ教えておくと＊＊＊＊＊だから。

ドゥーアン　ありがとう、見てみるよ。

　ドゥーアンはわからないままも、会計ソフトの中身を見て怪しいものをたくさん発見した。

（2）知らず知らずに粉飾決算

　ドゥーアンは、もらった決算書のコピーを見ながら疑問を抱いていた。何よりも**在庫の多さが異常なのだ**。金額の確認はしていないものの営業の感覚からいって **12 億 5,000 万円の在庫なんて考えられない**。感覚的に多く見てもその

半分くらいなのだ。この件について、ノッ子に確認した。

ドゥーアン　決算書を見ていたら、在庫の金額が12億5,000万円あるけれど、これって本当にあるのか疑問だ。棚卸表ってある？

ノッ子　棚卸表はあるよ。ちょっと待ってくれる？

　ノッ子は分厚い原始資料と棚卸表の総括表を持ってきた。真面目な社員達がしっかりと在庫を数えた手書きの原始資料とノッ子がまとめた棚卸総括表があった。

棚卸総括表（H30. 3月期）			
商品名	単価	個数	計
A商品	5,000	250	1,250,000
B商品	1,000	200	200,000
・	・	・	・
・	・	・	・
・	・	・	・
合計			600,000,000

ドゥーアン　ノッ子、これ以外にある？　総括表を見ると6億円なのだけど？

ノッ子　それ以外にはないよ、それで全て。

ドゥーアン　決算書の数字と何で違うの？

ノッ子　それは知らないよ。お父さんと汚腐税理士事務所で最終決算しているから。

ドゥーアン　これって粉飾では？

ノッ子　だから、私はわからないっていっているでしょ！

(3) いいなり経理部長と偉そうなだけの顧問税理士

　そして後日、決算を終えた申告書の控えを持って汚腐税理士事務所の汚腐税理士と拝が会社を訪ねていた。

拝　こちらが決算書の控えです。

ドゥーアン　ありがとうございます。あのちょっと確認したいのですが**決算書の在庫の金額って棚卸表と違うのですけど、なぜかわかりますか？**

拝　会長と当事務所とで再評価した金額です。

ドゥーアン　再評価って？

汚腐税理士　社長に就任して間もないから理解できないかもしれないが、在庫にはいろいろな評価があるものだよ、細かいことを気にせずに勉強していきたまえ。

ドゥーアン　いや、勉強しようと思ってお聞きしているのですが？

汚腐税理士　何？　君と会長や私とでは経験値が違うのだから、まずは経験していくことが勉強だ。今は任せておきたまえ。とにかく、私は次に行かないといけないから、後は拝に聞いてくれ。それとこれ、今回の決算料の請求書ね。

　汚腐税理士は、ご立腹のまま決算申告料300万円の請求書だけを残して席を後にした。そして、入れ替わりに経理部長のノッ子がやってきた。

ノッ子　お兄ちゃん、何かあったの？　汚腐先生が凄い剣幕で帰っていったよ。

ドゥーアン　いや、まあいいよ。

拝　すいませんでした。いつものことなのでお気になさらずに。ところで、今回も銀行用の決算書は作成すればよろしいでしょうか？

ノッ子　はい。いつもどおりでお願いいたします。

拝　では、去年と同じく、**10億円程売上を上乗せしておきますが、それくらいでよろしいですね。**

ノッ子　はい、会長からもそのように聞いているのでそのようにお願いいたします。

拝　わかりました。他はお任せください。

ドゥーアン　えっ？　意味がわからない。どういうこと？　銀行用って？

ノッ子　お父さんの指示で、いつも銀行に出すときには売上規模を大きく見せるために10億円程売上を乗せているの。その方が格好もつくし借入もしやすいからって。

ドゥーアン　それって犯罪では？

拝　大袈裟ですね社長、どこでもやっていることですよ。

ドゥーアン　そうなのですか？　でも、ばれたら融資ストップになりませんか？

拝　今まで大丈夫だったし、大丈夫じゃないですかね。

　ドゥーアンは、一抹の恐怖を覚えていた。

（4）会長の多額の私的資金流用　〜愛人への貢ぎ物〜

　粉飾決算をしており、銀行には違う決算書を出していることを知り、不安ばかりのドゥーアンであった。ドゥーアンは、会社の実態を知りたく、会計ソフトや給与ソフトの内容を確認していた。そこでもたくさんの疑問が出てくることになった。

疑問①	仕入に計上されている現金やカード払いのバック、アクセサリー等	1,000万円
疑問②	地代家賃に含まれる、聞いたことのない場所のマンションの家賃	200万円
疑問③	陰田聖舞子への給与支払い	900万円
疑問④	会議費や交際費の大半がCLUB JACKALという実態	1,000万円
疑問⑤	会長の怪しい旅費交通費	500万円

　これらの疑問を確認するために、ノッ子を呼んだ

ドゥーアン　このように色々と疑問点が出てきたのだけどわかるかな？

ノッ子　私はいわれたとおりに処理している。気になるならお父さんに聞けば。

ドゥーアン　いきなり聞いても教えてくれないし、先にノッ子に聞いているのだよ。

ノッ子　私は忙しい。内容はわからないから、直接お父さんに聞いて。

ドゥーアン　忙しい時に悪かった。そうするよ。

　陰田聖舞子（いんだ・せぶこ）が父親の愛人だとはわかっていたものの、そんなに多額の支払いがされていたと思うと、悔しさと腹立たしさがこみあげてきた。とはいっても会長に直接聞けるわけもなく途方にくれるしかなかった。

秩父宮税理士のレクチャー

（1）損益計算書の見方

　ドゥーアンは、営業の途中の書店でいろいろな決算書の見方の本を見ていたが、どれを買えばいいかわからず、結局、本屋の前にあったお店でメロンパンだけを購入し、秩父宮税理士事務所を訪れた。そして、堂安株式会社であった経緯を順番に話していくうえで決算書を見せた。

秩父宮税理士　社長になってから、初の決算だね。どう？　儲かっていたかな。

ドゥーアン　父親の2億円の退職金が計上されたので、結構な赤字です。

秩父宮税理士　えっ？　計上したの。それはそれとして通常の利益は出ているのかな？

ドゥーアン　はい。6,000万円程は出ているといっていましたが、かなり怪しいのです。見方もあっているかわかりません。

秩父宮税理士　では、決算書を見てみるね。まず、決算書の意味はわかっているかな？

ドゥーアン　なんとなくはわかります。でも、正確には…。

秩父宮税理士　では、その辺りから説明していくね。我々も**決算書**と呼んでいるが、正式には財務諸表のことをいう。**一定期間の経営成績や財務状態等を明らかにするために作成される書類**で、**貸借対照表・損益計算書・株主資本等変動計算書・キャッシュ・フロー計算書**などがこの財務諸表に該当する。上場企

業など有価証券報告書の提出が義務付けられている企業以外の中小企業については、キャッシュ・フロー計算書の作成義務はないから、堂安株式会社にはついていないね。

ドゥーアン　なるほど。ではこの**勘定科目内訳書**っていうのは何ですか？

秩父宮税理士　それは、**法人が申告する際に貸借対照表及び損益計算書の各勘定科目の内訳明細書として、法令によって提出が義務付けられている書類**になる。決算書では現金預金と1行で表されているけど、その内容として○○銀行の○○支店の○○預金に○○円っていう風にね。

ドゥーアン　なるほど、これを見るとよくわかりますね。特に貸借対照表の中身が。

秩父宮税理士　でもまず、今回はわかりやすい損益計算書から確認していこう。

ドゥーアン　はい、お願いします。

秩父宮税理士　**損益計算書とは、一定期間の経営成績を表す財務諸表**になる。一定期間というのは、**通常の決算書でいうと1年間、また、月次や四半期で表す場合もある**。おおまかにいうと「**収益**」「**費用**」「**利益**」が記載されていて、単純にいうと、**いくらその期間で儲かったか？**　が表されているということ。**別名PL（Profit and Loss statement）とも呼ばれる**から覚えておいた方がいいよ。

ドゥーアン　そうですね、よくPLって聞きますね。

秩父宮税理士　では、実際に堂安株式会社の損益計算書を見てみよう。

損 益 計 算 書

自 平成29年4月 1日
至 平成30年3月31日

堂安株式会社 （単位：千円）

科　　　目	金	額
【売上高】		
売　　　　上　　　　高	1,700,000	
売　上　高　合　計		1,700,000
【売上原価】		
期　首　商　品　棚　卸　高	1,200,000	
当　期　商　品　仕　入　高	900,000	
合　　　　　　　計	2,100,000	
期　末　商　品　棚　卸　高	1,250,000	
商　品　売　上　原　価		850,000
売　　上　　原　　価		850,000
売　上　総　利　益　金　額		850,000
【販売費及び一般管理費】		
販　売　費　及　び　一　般　管　理　費　合　計		763,500
営　業　利　益　金　額		86,500
【営業外収益】		
雑　　　　収　　　　入	10,000	
営　業　外　収　益　合　計		10,000
【営業外費用】		
支　　払　　利　　息	35,000	
営　業　外　費　用　合　計		35,000
経　常　利　益　金　額		61,500
【特別損失】		
役　員　退　職　金	200,000	
特　別　損　失　合　計		200,000
税引前当期純損失金額		138,500
法　人　税　等		1,300
当　期　純　損　失　金　額		139,800

秩父宮税理士　損益計算書の先ほどの話でいくら儲かったかという**利益には区分があり**、堂安株式会社でも区分されているのがわかると思う。①**売上総利益、**

②営業利益（損失）③経常利益（損失）、④税引前当期純利益（純損失）、⑤当期純利益（純損失）の五つがある。その五つの意味を理解しておくとよいので順に解説しよう。

売上総利益	売上総利益＝売上高－売上原価 商品やサービスの提供によって得ている利益。いわゆる「粗利」と呼ばれるもの。
営業利益 （損失）	営業利益（損失）＝売上総利益－販売費及び一般管理費 会社の本業における営業力のみによって稼ぎ出した利益のことをいう。販売費及び一般管理費とは、発生する費用のうち、商品やサービスの個別には対応しないものの必ず必要な費用のこと。 別名、販管費と略して呼ぶことも多い。 販売費は、販売するための費用、例えば、広告宣伝費や販売手数料などが該当する。 一般管理費は、人件費、地代家賃、通信費、接待交際費などが該当する。
経常利益 （損失）	経常利益（損失）＝営業利益＋営業外収益－営業外費用 会社の本業で得られる営業利益に対し、経常利益は本業以外の経常的な収益や費用もまとめた利益になる。 営業外収益とは、会社の本業となる営業活動以外において経常的に得られる、一般的に財務活動による収益をいう。預貯金や貸付金の利子である「受取利息」やそれ以外の収入である「雑収入」などが営業外収益に含まれる。 営業外費用とは、会社の本業となる営業活動以外において経常的に発生する、一般的に財務活動から生じる費用をいう。借入金の「支払利息」や社債の発行費用などが営業外費用に含まれる。
税引前当期 純利益 （純損失）	税引前当期純利益（純損失）＝経常利益＋特別利益－特別損失 会社の経常的な利益に対し、税引前当期純利益は突発的な利益や損失をまとめた利益になる。 特別利益とは、会社を運営する上で経常的に発生する利益ではなく、本業とは無関係に臨時的に発生した利益のことをいう。固定資産を売却したことによる「固定資産売却益」などが該当する。 特別損失とは、会社を運営する上では経常的に発生する費用ではなく、臨時的に発生した費用や損失のことをいう。何が特別損失にあたるかという明確な決まりはないことも多いため、損失の性質や金額から個別に判断する必要がある。なお、特別損失はそのときだけの例外的な損失であるため、金融機関の融資判断に影響することはあまりないが、今回の場合の役員退職金も特別損失に計上されている。その他、特別損失に含まれるのは、不動産の固定資産売却損や火災や盗難、災害による損失などがある。

当期純利益 （純損失）	当期純利益（純損失）＝税引前当期純利益−法人税等 会社が出した利益に対して課される、法人税、法人住民税、法人事業税を合わせて「法人税等」という。要は、**税金を引いた後の会社の最終利益**

ドゥーアン 何となく、見方はわかりました。ありがとうございます。赤字なので心配していたのですが、経常利益がプラスであれば、まだ救いようがあるということですね。

秩父宮税理士 そのとおり。銀行も通常はそのように評価してくれるよ。もちろん、毎年特別損失があったりすると不審がるけどね。

（2）粉飾決算とは？

ドゥーアン 損益計算書の見方は何となくわかりました。しかし、その中身にすごく疑問があるのです。

　　ドゥーアンは、コピーしてきた棚卸総括表を見せた。

秩父宮税理士 あ、なるほどね、確実に粉飾しているね。

ドゥーアン えっ!?　そんな簡単に。顧問税理士から再評価していると聞いて希望をもっていたのですが。

秩父宮税理士 もちろん、在庫の評価っていろいろな評価方法があるけども、**普通に考えて倍になると思う？**

ドゥーアン 思わないです。むしろ、季節商品の売れ残りとか、デッドストック品になっていて売れないもので評価が下がるかと。

秩父宮税理士 そのとおり。**在庫の金額があがる場合、典型的なのは、仕入のコストが販売費及び一般管理費に含まれてしまい、法人税法上の評価としてその分を加味する必要性があった場合などがあるよ。**たとえば輸入した商品が該当するが、**もし、あったとしても数%〜10%程度までだろうね。**

ドゥーアン では、今回は確実に粉飾ですか？　実際、この決算では6億5,000

万円も赤字が増えるのですか？

秩父宮税理士　いや、そうはならないよ。去年の在庫の金額ってわかる？

ドゥーアン　正確にはわかりませんが、妹の話では今年とほぼ一緒だと。

秩父宮税理士　なるほど。では去年は6億円を積み増ししていたのだね。

ドゥーアン　あ、そうか。期首商品棚卸高は12億円ですもんね。

秩父宮税理士　この決算ではさらに5,000万円の在庫をプラスして6億5,000万円をプラスにしているから、今回の期間のみで考えると5,000万円の粉飾になる。みんなこれを勘違いするのだが、**積み増ししてきている在庫がいくらかわからなくなって、このようにとんでもない在庫の金額になってきてしまい、本当の利益が見えなくなってきてしてしまう。**

ドゥーアン　じゃあ、まだこの決算での経常利益はプラスになるのですね。

秩父宮税理士　まあ、そういうことだが安心はできないよ。**累計で6億5,000万円の粉飾をしてきている可能性がある**という事実には変わりない。あくまでこの決算だけ見たらだから。もっと怖いのは貸借対照表にどのように粉飾の事実があるのかどうかなんだ。その時にまた説明するね。

ドゥーアン　まじですか！　怖くなってきました。

秩父宮税理士　データでも決算書を持ってきたのだね。では、それをざっと加工してみよう。実際の粉飾がこの在庫だけだとした場合の決算書はこのようになる。

損 益 計 算 書

自　平成 29 年 4 月 1 日
至　平成 30 年 3 月 31 日

堂安株式会社　　　　　　　　　　　　　　　　　　（単位：千円）

科　　　　目	金	額
【売上高】		
売　　　　上　　　　高	1,700,000	
売　上　高　合　計		1,700,000
【売上原価】		
期　首　商　品　棚　卸　高	600,000	
当　期　商　品　仕　入　高	900,000	
合　　　　　　　計	1,500,000	
期　末　商　品　棚　卸　高	600,000	
商　品　売　上　原　価		900,000
売　　上　　原　　価		900,000
売　上　総　利　益　金　額		800,000
【販売費及び一般管理費】		
販売費及び一般管理費合計		763,500
営　業　利　益　金　額		36,500
【営業外収益】		
雑　　　　収　　　　入	10,000	
営　業　外　収　益　合　計		10,000
【営業外費用】		
支　　払　　利　　息	35,000	
営　業　外　費　用　合　計		35,000
経　常　利　益　金　額		11,500
【特別損失】		
役　員　退　職　金	200,000	
特　別　損　失　合　計		200,000
税引前当期純損失金額		188,500
法　人　税　等		1,300
当　期　純　損　失　金　額		189,800

秩父宮税理士　このように、あくまで在庫以外は粉飾していないと仮定すると、売上総利益は 8 億円、営業利益は 3,650 万円、経常利益は 1,150 万円、税引前

当期純損失が1億8,850万円、当期純損失金額が1億8,980万円になる。

ドゥーアン　あくまで、在庫以外は粉飾していないと仮定ばかりお話しされていますよね。何か他にもありそうで恐ろしいです。

秩父宮税理士　まあ、直感的に累計億単位で粉飾しているとなると、どうしても他もしている可能性は高いかなと思っているからね。

ドゥーアン　やめてくださいよ、さらに恐ろしくなってきました。

秩父宮税理士　恐ろしいものついでに、会社がよく行う粉飾の手口を確認しておこう。

ドゥーアン　恐ろしいですが、よろしくお願いします。

秩父宮税理士　粉飾の手口で代表的なものは以下のとおり。

在庫の水増し	**在庫を水増しした分の利益があがる**。翌期は適正な在庫に戻すとその分の利益が減るので結局またその分は最低限水増しがされる。 一般的には、一度在庫の水増しに手を染めると、水増し在庫を抱えたまま翌期、翌々期というように、永遠に粉飾を解消することができなくなってしまう。むしろ、**在庫を水増しする会社は利益を出せない会社なので、適正在庫に戻せずにどんどんその金額が膨れ上がっていく**。
売上の水増し	単純にまだ納品されていない**翌期の売上を計上する**とか、関係会社へ架空の売上を計上するとか手口は色々。 貸借対照表にも歪みが出てきて発覚することも多い。
循環取引	関係者や取引先を巻き込んで粉飾する手口。結果的に在庫や売上の水増しにもなる。 例えば、なかなか売れない**原価10,000円　適正な売価20,000円のA商品がある**とする。 堂安株式会社が**A商品を関係会社の甲社に20,000円で売却する** 　→**堂安株式会社では10,000円の利益** 決算終了後にこの商品を**甲社から30,000円で堂安株式会社が買い戻す** 　→**甲社では10,000円の利益** 翌期、堂安株式会社で在庫として残っている 　→**堂安株式会社で、本来10,000円であるはずの在庫が30,000円で計上される**

経費を資産計上	資産に計上すると損益計算書には影響しないことを利用して行う。例えば、本来消耗品とかで経費に算入するべきものを資産に計上する。例えば、**消耗品から 500 万円分を機械装置に振替えると、500 万円の粉飾の出来上がり。**会計上は 500 万円の機械を購入した処理になる。
資産を取り崩さない	例えば、**固定資産の売却や保険の満期が来て現預金が入金された場合に、資産に計上されている分を取り崩さないで、全額を収益にあげてしまう方法**
減価償却費の計上を一部行わない	これは、**法人税法上は行わなくても合法になる**ので一番よく使われる手口。例えば、**本来は 1,000 万円の減価償却費が計上できるのに 500 万円しか計上しなければ 500 万円の粉飾になる。**実際には適正な損益がわからなくなり、将来の経費が増えるので合法とはいえ、お勧めはできない。

ドゥーアン 恐ろしいです。何か全部行っている予感がしてきました。

秩父宮税理士 恐ろしいね。我々が一番注目するのは、本当にこの会社は収益をあげる力があるのかが大事になってくる。なので、会社が本当に収益あがっているかを確認する必要がある。

(3) 銀行用の損益計算書

ドゥーアン 粉飾もそうですが、もう一つ怖いことが。

秩父宮税理士 銀行に違う決算書を出している件だね、どんな損益計算書になっているの？

損 益 計 算 書

自 平成 29 年 4 月 1 日
至 平成 30 年 3 月 31 日

堂安株式会社 （単位：千円）

科 目	金	額
【売上高】		
売　　上　　高	2,700,000	
売 上 高 合 計		2,700,000
【売上原価】		
期 首 商 品 棚 卸 高	1,200,000	
当 期 商 品 仕 入 高	1,400,000	
合　　　　計	2,600,000	
期 末 商 品 棚 卸 高	1,250,000	
商 品 売 上 原 価		1,350,000
売　　上　　原　　価		1,350,000
売 上 総 利 益 金 額		1,350,000
【販売費及び一般管理費】		
販 売 費 及 び 一 般 管 理 費 合 計		1,263,500
営 業 利 益 金 額		86,500
【営業外収益】		
雑　　　収　　　入	10,000	
営 業 外 収 益 合 計		10,000
【営業外費用】		
支　　払　　利　　息	35,000	
営 業 外 費 用 合 計		35,000
経 常 利 益 金 額		61,500
【特別損失】		
役　　員　　退　　職　　金	200,000	
特 別 損 失 合 計		200,000
税 引 前 当 期 純 損 失 金 額		138,500
法　　人　　税　　等		1,300
当 期 純 損 失 金 額		139,800

ドゥーアン　これですけど、売上がかなり増やされていて。

秩父宮税理士　なるほど。見事に**10億円売上に積み増し**されているね。そして、

仕入れには5億円で粗利率は変えずに、販管費を5億円上乗せか。

ドゥーアン こんなの大丈夫なのでしょうか？

秩父宮税理士 金融機関は税務署に対してどのような決算書が出ているのか調査する権限はないからね。それを利用して違う決算書を出して融資を受けようとするのは、企業再生の調査の現場の際にたくさん見てきたよ。

ドゥーアン 罪にならないのですか？

秩父宮税理士 銀行に対して虚偽の決算書を提出して融資を受けたような場合には、**本来、詐欺罪が成立する可能性もある**。もちろん、税務署に提出している決算書と同じ物を出していても、それが粉飾していた決算書なら同様。金融機関はそれを信用して融資しているわけだから。しかし、**実際にそれで訴えられるのは稀だね**。銀行側もずっと取引を継続している場合には、きっちりと会社の内情を把握できていなかった引け目があり、なかなか会社側だけが悪いというのはできないのだと思う。実際に立件されているのは、**虚偽の決算書で融資を受けてすぐに会社を畳んだりした場合で、訴えられているケースも多いけど**。

ドゥーアン じゃあ、そこまで心配する必要性はないですかね。

秩父宮税理士 そんなことはないよ。詐欺には変わりないのだから。今後、金融機関はどのような出方をしてくるかはわからない。まず、**異なる決算書や粉飾を見つけたら、銀行は厳しい対抗措置をとってくる**だろうね。もちろん、**新規融資は断られ一括返済をもとめられたり、損賠賠償訴訟を起こされたりすることもありえる**。ドゥーアンに手錠が掛かる可能性も大いにあるよ。

ドゥーアン さらに怖くなってきました。

秩父宮税理士 危ない会社の経営者に多いのが、銀行から借りてきたお金も売上のお金も同じに考えて使ってしまう。そして、銀行が貸し渋ると、銀行のせいで会社がつぶれるとかいうのだ。**実際には経営者に一番責任がある**のだがね。

ドゥーアン 僕、社長だから責任ありますよね。

秩父宮税理士 過去のことは過去だし、これから会社をうまく切り盛りするためにも、現状の堂安株式会社がどのようなものか把握していく必要がある。今後のことも含めて一度弁護士にも事前に相談はしておく方がよいかもしれないね。

ドゥーアン　わかりました。ぜひご指導お願いします。

（4）実態の損益計算書

　ドゥーアンは、粉飾の可能性が高いことや銀行用の決算書の事実を知ったうえで、自分なりに会計などを見て不審点があったことを秩父宮税理士に打ち明けた。

秩父宮税理士　よく調べたね。素晴らしい。これは何を見て？

ドゥーアン　ありがとうございます。会計ソフトの中身をわからないまま見てみましたが、クラウドの会計ソフトなので私にも見られる権限があって。今日、ノートパソコン持ってきているので見られますか？

秩父宮税理士　ちょっと1、2時間程時間もらえるかな？　ドゥーアンがチェックした項目を重点的に私の方でもざっと見てみるよ。NDA（秘密保持契約）を交わしているからいいでしょう。

　ドゥーアンは、ノートパソコンを出して会計ソフトと給与ソフトにログインして秩父宮税理士に委ねた。秩父宮税理士は、ざっと損益計算書の項目をメインで確認を行った。そして、1時間が経過した。

秩父宮税理士　ドゥーアン、確認終わったよ。

ドゥーアン　早いですね。僕なんて3日くらい画面をわからないままでした。

秩父宮税理士　これが仕事だからね。まず、確認したいのは**陰田聖舞子さん**というのは、お父さんの愛人？

ドゥーアン　そうです。社内でも周知の事実で、たまに会社にお金だけもらいに来ているようです。

秩父宮税理士　じゃあ、**会社の仕事は全くしていないの？**

ドゥーアン　はい、全くしていません。むしろ、偉そうに女性社員に高い紅茶を入れさせて業務を妨害しているほうです。

秩父宮税理士　CLUB JACKAL は陰田聖舞子が経営する祇園のクラブだね。ここは実際に接待に使っている？

ドゥーアン　社員に確認したのですが、**父親が私的にしか使っていないようです**。昔は利用していたみたいですが、ここで接待すると全て父親に情報が行くのでみんなが避けています。ですので、実際には父親 1 人で行っているだけです。

秩父宮税理士　ちなみに面白いことを発見したよ。ホームページを見ると CLUB JACKAL は株式会社陰田の経営で、その**会社の謄本を挙げてみたら本社の住所地と陰田聖舞子の住所は堂安株式会社が支払っているマンションの家賃の住所**だった。

ドゥーアン　ええっそうなのですか？　よくわかりましたね。

秩父宮税理士　勘定科目内訳書の地代家賃の欄の住所と一致したしね。

ドゥーアン　愛人が住んでいるマンションまで支払っているのですね。僕は社長になっても月額 25 万円だというのに…。だんだんと怒りがこみあがってきました。

秩父宮税理士　それと、仕入れ代金に含まれているブランド品のバックやアクセサリーはデータで確認すると全て付箋がついていた。おそらく、これは愛人へのプレゼントとして消費している分だね、税理士事務所かノッ子さんが一応チェックしているのだろうね。

ドゥーアン　はい、そんな気がしていました。

秩父宮税理士　それから、**ベトナムには協力会社があった**よね？　それ以外に海外へ行くことってある？

ドゥーアン　いえ、ベトナム以外には行くことなんて考えられないです。

秩父宮税理士　なるほど。では、ベトナム以外の海外と国内も温泉地へ行っているのが私的な旅費だろうね。あと、汚腐税理士事務所への支払いなのだが監査役報酬が 120 万円に、顧問料が 1,200 万円（月額顧問料 75 万円と決算料 300 万円）でているね。私は無償で相談にのっているのに 1 割でもまわしてほしい。（笑）

ドゥーアン　先輩、本当にすいません。僕こういうのは疎くて、相場ってどれくらいなのですか？

秩父宮税理士 監査役報酬は、一応責任があるから大目に見たとして、顧問料は、会社で会計の入力も行っていることも考えると、**高く見積もっても年間300万円程度だろうね。**

ドゥーアン まじっすか？ 食い物にされていますね。

秩父宮税理士 そうだね。私的な費用や無駄な費用をまとめてみるね。

勘定科目	金額（千円）	内容
仕入	14,500	私的な仕入（バックやアクセサリー）
給与手当	9,000	実態の無い陰田聖舞子の給与
法定福利費	1,000	上記の社会保険料（概算）
地代家賃	2,400	陰田聖舞子のマンション家賃
水道光熱費	600	上記の水道光熱費
会議費	5,000	CLUB JACKAL への支払い
交際費	5,000	CLUB JACKAL への支払い
旅費交通費	6,000	ベトナム以外の海外渡航費、国内温泉
支払報酬	9,000	税理士事務所適正相場として
合計	52,500	

秩父宮税理士 以上のように、なんと**無駄な経費が** 5,000 万円程。粉飾した在庫とほぼ同額だね。これを省いたら粉飾する必要ないのに。

ドゥーアン まじっすか？ 何が真実かわからないようになってきました。

秩父宮税理士 現段階での損益計算書を私の方で作成してみよう。上記以外にも会長の役員報酬月額 500 万円は高すぎだと思うのと、ドゥーアンは安すぎると思う。**仮に、会長の役員報酬は月額 200 万円で計算してみよう。**ドゥーアンの報酬はこの決算ではまだ影響が少ないから除外するね。以上の情報をもとに、**適正な堂安株式会社の実態損益計算書を作成し**てみると次のとおりとなる。

堂安株式会社　　　　　　　　　　　　　　　　　　　　　　　　　　単位：千円

勘定科目	申告損益計算書	修正①	粉飾前損益計算書	修正②	実態損益計算書
[売上高]					
売上高	1,700,000		1,700,000		1,700,000
売上高合計	1,700,000		1,700,000		1,700,000
[売上原価]					
期首商品棚卸高	1,200,000	△ 600,000	600,000		600,000
当期商品仕入高	900,000		900,000	△ 14,500	885,500
合計	2,100,000	△ 600,000	1,500,000	△ 14,500	1,485,500
期末商品棚卸高	1,250,000	△ 650,000	600,000		600,000
商品売上原価	850,000	50,000	900,000	△ 14,500	885,500
売上原価	850,000	50,000	900,000	△ 14,500	885,500
売上総損益金額	850,000	△ 50,000	800,000	14,500	814,500
[販売管理費]					
役員報酬	66,100		66,100	△ 36,000	30,100
給料手当	250,000		250,000	△ 9,000	241,000
法定福利費	35,000		35,000	△ 1,000	34,000
福利厚生費	3,200		3,200		3,200
外注費	80,000		80,000		80,000
広告宣伝費	30,000		30,000		30,000
交際費	8,000		8,000	△ 5,000	3,000
会議費	10,500		10,500	△ 5,000	5,500
旅費交通費	25,000		25,000	△ 6,000	19,000
水道光熱費	19,600		19,600	△ 600	19,000
地代家賃	60,000		60,000	△ 2,400	57,600
保険料	20,000		20,000		20,000
租税公課	15,000		15,000		15,000
支払報酬料	12,000		12,000	△ 9,000	3,000
減価償却費	16,000		16,000		16,000
その他販管費	113,100		113,100		113,100
販売管理費計	763,500		763,500	△ 74,000	689,500
営業損益金額	86,500	△ 50,000	36,500	88,500	125,000
[営業外収益]					
雑収入	10,000		10,000		10,000
営業外収益合計	10,000		10,000		10,000
[営業外費用]					
支払利息	35,000		35,000		35,000
営業外費用合計	35,000		35,000		35,000
経常損益金額	61,500	△ 50,000	11,500	88,500	100,000
[特別利益]					
特別利益合計					
[特別損失]					
役員退職金	200,000		200,000		200,000
特別損失合計	200,000		200,000		200,000
[当期純損益]					
税引前当期純損益金額	△ 138,500	△ 50,000	△ 188,500	88,500	△ 100,000
法人税等	1,300		1,300		1,300
当期純損益金額	△ 139,800	△ 50,000	△ 189,800	88,500	△ 101,300

秩父宮税理士　修正①で、在庫の粉飾項目を除外、修正②で無駄な経費や本来は経費となりえない項目を除外してみた。あくまでもざっくりだけどね。

ドゥーアン　で、どうなりましたか？

秩父宮税理士　とりあえず、役員退職金は無視して**経常損益で判断する**と、本来は**1億円の利益を計上する**ことができる力のある会社だ。

ドゥーアン　そうなのですか？　少し安心しました。しかし、無駄な経費多いですね。これが何年続いているのでしょう。

秩父宮税理士　累積の歪みについては、貸借対照表を分析するとよく理解できる。次回は貸借対照表を確認してみよう。

ドゥーアン　わかりました。今日も本当にありがとうございました。報酬のかわりにタックル受けます！

秩父宮税理士　今日は時間外でしかも無償の仕事をして疲れたわ。金曜日だから朝まで飲むの付き合うことで許してやろう。

ドゥーアン　わかりました。でも、先輩、僕、お金ないので立ち飲みぐらいしか行けないですがいいですか？

秩父宮税理士　仕方ないな、奢ってやるか。その前に、やはり付き出しとしてタックルや！

ドゥーアン　いやっ、それなら僕少しだけでも出しますし。うわー！

4. 貸借対照表

（1）いびつな貸借対照表、その実態とは？

　ドゥーアンは、会計ソフトと汚腐税理士事務所の拝氏が持参した詳細資料で貸借対照表の中身を確認していた。そのうえで疑問点がいくつか出てきた。

　商品の件は、損益計算書の時におそらく粉飾だということで理解できていたが、それ以外に一番気になったのが、**短期貸付金が５億円で内訳書の明細が「関係会社等」になっているところ**であった。

　拝氏が作成している内訳明細書には、**「震便？」という文字**が見える。あらためて借入金の多さにも驚いた。**会長への退職金も増えると、さらに２億円が計上されるのも心配**だった。いろいろ他にも疑問点はあったが、まずは、短期貸付金を確認しようと、拝氏に連絡を入れた。

拝　どうされましたか？　社長。

ドゥーアン　内訳の詳細資料ありがとうございます。そこで、すごく気になった点があって、**短期貸付金の５億円が内訳書で関係会社等となっていますが、**関係会社ってどこに貸しているのですか。詳細では「震便？」というメモになっているのです。

拝　ああ、それですか。簡単にいいますと、**震便会長が社長時代にクレジットカードや現金で持ち出した金額の累積**ですね。

ドゥーアン　５億円もあるのですか？

拝　いえ。実際にはもっとありますよ。何とか経費にできそうなものはノッ子さんと相談して仕入れや旅費交通費等で経費として計上しています。**今回の決算も全て経費にしましたしね**、結構大変なのですよこの作業。

ドゥーアン　そうなのですか。**仕入れや旅費交通費に付箋がついていたのが**あったのですが、もしかしたら、これですか？

拝　よくお気づきになりましたね。ノッ子さんと私の備忘のためにつけているのです。もしかしたら、**税務調査で指摘される可能性もあります。**その場合には、**きっちり理由も汚腐先生が考えているみたいなのでお任せください。**

ドゥーアン　でも、**それって横領にならないのですか？**

拝　社長、大げさな。震便会長は自分の会社で自分のお金を使っているだけです。誰が訴えるのですか。大変なのは我々です。どう処理するか本当に大変なのですよ。少しでも貸付金が増えていると、**「ワシにプライベートはない。全て会社のために金をつかっているのだ。何で全額経費にならんのだ」**ってノッ子さんと私が怒鳴られます。**内訳書の名前も「ワシの名前を出すな」**といわれたので苦肉の策だったのですよ。

ドゥーアン　そうでしたか。わかりました。

　ドゥーアンは、これ以上、拝氏に聞いても仕方がないと思い話を終えた。そして、気になる点を他にもピックアップしていくのであった。

(2) バブル時代に購入の不動産　減価償却されていない固定資産

　ドゥーアンは、短期貸付金の他、気になっていたのが土地と建物の金額である。堂安株式会社や親族が所有している不動産は、以下の4物件であると把握していた。

1	京都市内の本社ビルの土地建物
2	京都府京丹後市にある倉庫の土地建物
3	滋賀県の工場の土地（建物は親戚の関係会社に貸して製品をつくっている）
4	東京営業所の土地建物

　このうち本社ビルの土地と滋賀県の土地は、会長が相続で取得していると聞いているので、**土地として会社で所有しているのは京丹後市と東京の土地の分**である。**貸借対照表には7億円で計上がなされている。**

　いくら東京が高いからといっても20坪程度の土地なのでそこまで高いとは思えない。

　京丹後市の土地はかなり広大な土地ではあるが、近隣の売買事例からみても、おそらく 1,000 万円しないであろう土地である。

　また、**建物も規模的に大きい本社や京丹後市の倉庫は築 40 年以上が経過し**ており、特に改装した形跡も見当たらない。

　東京の建物も築 30 年経過しており、しかも、20 坪の土地に 3 階建ての建物が建っているだけなのでそこまで高額とは思えない。

　貸借対照表では建物 8 億円と建物附属設備が 1 億円で計上されている。ここで、ドゥーアンは秩父宮税理士が話していた減価償却をしないという粉飾を思い出していた。おそらく、この建物は減価償却してきてないのではないか？とだんだん会計のことを理解してきたドゥーアンは感じていた。しかし、心配の方が大きく、かなり気になったので内訳を確認するためにノッ子を呼んだ。

ノッ子　お兄ちゃん何か用？

ドゥーアン　そろそろ、社員の手前もあるし、社内では社長と呼んでくれないか？

ノッ子　偉くなったものだね。で、社長、何の用事？　早くしてくれない、忙しいし。

ドゥーアン　ごめん忙しいときに。貸借対照表を見ていたら土地と建物の金額があまりにも大きいし、少し驚いてね。これらの中身がわかるものってある？

ノッ子　あら、その土地ならすぐに答えられるわ。お父さんが**バブル時代の東京進出時にノットリリース銀行**が、「**融資するのでオフィスを賃貸するより買った方が得ですよ**」っていわれて**7 億 5,000 万円**で買ったっていっていたわ。確か**内訳は土地が 6 億 5,000 万円、建物が 1 億円**だったはず。

ドゥーアン　ええ？　あの不動産そんな値段で買っているの。今、売ったら 1 億円くらいじゃないのか？

ノッ子　そんな相場は私にはわからないわよ。ずっとお父さんはノットリリース銀行に騙されたとばかりいっているし、あの銀行にはあまり返していない。

ドゥーアン　なるほど、そんな経緯があったのだね。じゃあ、残りが京丹後市の土地ということだね。

ノッ子　そう。これは確か丹後の織物屋の知人が借金で困っていたから、借金

を返済できる分の金額で見栄を張って出して購入したといっていたわよ。

ドゥーアン　やりそうだね。だから、こんな7億円で土地が計上されているのか。

ノッ子　まあ仕方がない。**会計って購入した価格で帳簿にあげるのが原則**だから、私も**取得原価主義**って習ったし。こう見えても私は日商簿記2級までちゃんと勉強して資格をもっているのよ。

ドゥーアン　わかった、わかった。僕はわかないからノッ子に聞いている。今後も頼りにしているからどうかこれからも教えてください。

ノッ子　そう、私も敬ってよね、社長。**建物の方は固定資産台帳兼減価償却額明細書を見たらわかる**と思うよ。決算書の控えについているからそれで確認したら？

ドゥーアン　わかった、ありがとう。じゃあ、決算書の控えを確認して見るのでわからなかったらまた聞くよ。

　早速ドゥーアンは、固定資産台帳兼減価償却額明細書を確認してみた。取得価額が記載されているので、いくらで購入したのか理解できる。そこで、**東京の建物を見てみると確かに建物1.2億円、建物付属設備3,000万円の計1.5億円で計上されている**。ふむふむ、ノッ子の話は嘘ではなかったな。**期末の帳簿価格は1億円と2,000万円となっている**。うんうん、これが減価償却費で減っていっているということだな。いやちょっと待てよ？　**東京の物件って30年経過している**よな、なのになぜまだ**80%程度の金額で帳簿に残っている**？本社の建物と附属設備を見ても取得価額の**70%程度が期末の帳簿に残っている**。うーん、これってやはり秩父宮先輩のいっていた**減価償却していない合法的な粉飾ではないだろうか**？　そう思うドゥーアンであった。

(3) 多額の借入金

　損益計算書の時よりも貸借対照表を見れば見る程不安になっていくドゥーアン。やはり一番のネックは多額の借入金であった。決算時点では、メインバン

クのフルバック銀行をはじめ3行に借入金があった。

フルバック銀行	京都支店	短期借入金	2億5,000万円
		長期借入金	6億円
ノットリリース銀行	京都支店	長期借入金	6億円
京都楕円銀行	四条支店	長期借入金	3億円

さらに、**会長の退職金の支払いのために、次の融資申し込みをしていた。**

フルバック銀行	京都支店	1億円
ノットリリース銀行	京都支店	5,000万円
京都楕円銀行	四条支店	5,000万円

　今日はこの融資の件でフルバック銀行の真黒支店長が会社を訪れていた。会社側は会長が旅行中のためドゥーアンとノッ子が対応していた。

真黒支店長　社長、会長からお聞きしている今回の借入の件ですが、当行ではなくノットリリース銀行さんと京都楕円銀行さんに1億円ずつお願いできないでしょうか？
ドゥーアン　会長からは、逆に他の2行が無理な場合はフルバック銀行さんに全部融資してもらったらいいと聞いているのですが。
真黒支店長　というのも、どうしても当行のシェアが大きく7割近いので、ノットリリース銀行さんや、京都楕円銀行さんにももっと頑張ってもらえないかなと。

　ドゥーアンは不思議に思った。というのも、**現時点では全ての借入金は総額17億5,000円でフルバック銀行からの借入金は8億5,000万円、シェアは5割に満たない**のだ。

ノッ子　支店長のいっておられることは、十分理解できます。他の2行はフル

バック銀行さんの融資の1億円のオッケーが出れば、同時に実行してもらえる
よう内諾をいただいているのです。メインなのですから何とかお願いします。

真黒支店長　いえ、そういわれましても当行もかなりの融資額になってきてい
ますので。

ノッ子　支店長、少しお待ちいただけますか？

　　ノッ子は携帯電話で会長に電話して、事情を説明し電話を真黒支店長と交代
した。

震便会長　支店長どういうことだ。融資できるといっていたじゃないか！

真黒支店長　いえ、少し事情が変わりまして。

震便会長　お宅の事情なんてどうでもいい。当社の事情を考えろ。**すぐに、融
資のオッケーをしないと、お宅の支店でワシの知り合いの会社の全ての口座を
解約さすぞ。**

真黒支店長　そんな、おやめください。わかりました。何とかこれで決済をと
ります。

震便会長　わかればいい。そのように頼む。じゃあ、ちょっと社長と替わって
くれ。

ドゥーアン　会長どうされましたか。

震便会長　飛来、まだまだだな。結局ワシがいないと何もできないじゃないか。
ちゃんと銀行との付き合いはうまくするのだぞ。あと、ノッ子に融資がおりた
らすぐにお金を準備するようにいっておいてくれ。

ドゥーアン　わかりました。

真黒支店長　会長に負けました。**来週にでも融資の実行をしたいのでご準備さ
せていただきます。**

ドゥーアン　よろしくお願いします。

　　支店長が帰ったあと、ドゥーアンはもやもやがとれなかった。というのも、
シェア割合が合わないのだ。そこで、そのことについてノッ子に尋ねてみた。

ノッ子 ああ、あれね。銀行に提出している決算書は短期貸付金と長期借入金を５億円相殺しているの。もちろん内訳書もそれぞれの銀行で残高に合わしている。

ドゥーアン えええっ!? 損益計算書だけではなく貸借対照表もそんなことをしているの？

ノッ子 お父さんが汚腐税理士事務所と相談して、貸付金があると融資を受けにくいし銀行側も無い方が助かるはずだって。

ドゥーアン そうなのか、わかった。

　ドゥーアンは、何が真実かわからなくなっていた。そして、また銀行を騙して融資を受けることに罪悪感を感じ、同時に合計20億円近い借金になることに、もう首をくくるしかないのかなと悩んでいた。

秩父宮税理士のレクチャー

（1）貸借対照表の見方

　ドゥーアンは、北海道出張の土産の生チョコレートをもって、秩父宮税理士事務所を訪れた。そして、貸借対照表の件についてレクチャーを受けていた。

秩父宮税理士 あれから、私も貸借対照表を確認し、分析の方も簡単ではあるがさせてもらったよ。

ドゥーアン ありがとうございます。短期貸付金の金額を見てもらいました？

秩父宮税理士 ああ、確認したよ。関係会社等となっていたが、なるほど、それは震便会長への貸付金だったのだね。本当に関係会社なら具体的に社名書くはずだから怪しいと思っていたのだ。

ドゥーアン はい、これには正直びっくりしました。そんな５億円ものお金何

に使ったのか？　本人はおそらく自覚ないのでしょうね。それ以外も貸借対照表って怖いですね。なんか会社の黒歴史が隠されていて、末期がんの状況かと思えてきました。

秩父宮税理士　そう、そのとおり。損益計算書は、会社の一定期間の収支を表わしているので決算を終わると一旦リセットして一からになってごまかせるが、**貸借対照表は会社を設立してから、全てが蓄積されてきた結果だから本当の意味でごまかしがきかない。**ダメな経営者は損益計算書で粉飾したことなんて、すぐに忘れてしまうからね。悪いもの全てが蓄積されていくのが貸借対照表なんだ。

ドゥーアン　そんな感じがしました。そこで、自分なりには確認していったのですが、簡単に見方を教えていただけませんか。

秩父宮税理士　では、実際に堂安株式会社の貸借対照表をもとに解説をしていくね。**貸借対照表とは、会社の一定時点の財政状態を①資産の部、②負債の部、③純資産の部の三つから見ることができるもの。**別名 Balance Sheet（バランスシート）。略して BS（ビーエス）と呼ぶ。

ドゥーアン　はい、BS ってよく聞きます。

秩父宮税理士　損益計算書を PL、貸借対照表を BS って呼ぶのは結構普通に会話で出てくるから覚えておいた方がいいよ。

ドゥーアン　はい、わかりました。

秩父宮税理士　では、それぞれの貸借対照表の内容を細かく説明していくうえで、堂安株式会社の貸借対照表をもとに説明していくから、その頁を開いておいて。

ドゥーアン　はい、このようになっています。

貸 借 対 照 表

平成 30 年 3 月 31 日　現在

堂安株式会社　　　　　　　　　　　　　　　　　　　　　　（単位：千円）

資　産　の　部		負　債　の　部	
科　目	金　額	科　目	金　額
【流動資産】	2,471,500	【流動負債】	701,300
現 金 及 び 預 金	371,500	支 払 手 形	100,000
受 取 手 形	50,000	買 掛 金	125,000
売 掛 金	250,000	短 期 借 入 金	250,000
商 品	1,250,000	未 払 金	200,000
前 渡 金	30,000	未 払 法 人 税 等	1,300
短 期 貸 付 金	500,000	未 払 消 費 税 等	20,000
未 収 入 金	10,000	預 り 金	5,000
仮 払 金	10,000	【固定負債】	1,725,000
【固定資産】	1,776,000	長 期 借 入 金	1,700,000
【有形固定資産】	1,695,000	長 期 未 払 金	25,000
建 物	800,000	負 債 の 部 合 計	2,426,300
建 物 附 属 設 備	100,000	純　資　産　の　部	
車 両 運 搬 具	25,000	【株主資本】	1,821,200
工 具 器 具 備 品	70,000	資 本 金	50,000
土 地	700,000	利 益 剰 余 金	1,771,200
【無形固定資産】	1,000	その他利益剰余金	1,771,200
電 話 加 入 権	1,000	繰越利益剰余金	1,771,200
【投資その他の資産】	80,000		
投 資 有 価 証 券	20,000		
関 係 会 社 株 式	30,000		
敷 金	30,000	純 資 産 の 部 合 計	1,821,200
資 産 の 部 合 計	4,247,500	負債及び純資産合計	4,247,500

❶　資産の部

秩父宮税理士　資産の部には、会社が所有している資産がどのような形のもの
かを表していて、その全てが記載されている。これらの資産は、原則 1 年以内
に現金化することができるであろう「流動資産」と長期にわたり会社が保有す
ることになるであろう「固定資産」とに分けられている。貸借対照表の資産の
部は、原則として上から現金化しやすいものの順に並んでいて、上の段に「流
動資産」、下の段に「固定資産」が表示されている。

　堂安株式会社の貸借対照表を確認してみよう。「流動資産」の現金及び預金

が一番上にきて、それからずっと並んでいっているのがわかると思う。現金及び預金が 3 億 7,150 万円あって、受取手形 5,000 万円や売掛金 2 億 5,000 万円といった現金化しやすいものが順にくる。次に、商品等は売ればお金になるからこれも続いて、短期貸付金 5 億円、これも本来は 1 年以内に現金化するであろうもののはず。そして、「固定資産」、これは、すぐには現金化できないものが並んでいる。さらには有形固定資産という形のある固定資産と無形固定資産という形のない固定資産、さらには、投資その他の資産として投資目的等の資産に区別されている。

　結論としては、全ての資産で 42 億 4,750 万円が何らかの形で堂安株式会社にはあるはずということ。

❷　負債の部

　負債とは、簡単にいえば返さなければならない会社のお金を表すもので、他人資本とも呼ばれている。なぜそのように呼ぶかというと、いくら会社が資産を持っていても負債の分は他人にもたれているものだよ、ということを表わしているのだ。そして、負債も資産と同じように、1 年以内に返さなければいけない「流動負債」と 1 年を超えて返さなければいけない「固定負債」とに分けられている。貸借対照表の負債は、原則として返済や支払期日の早い順番に上から並んでいて、上の段に「流動負債」、下の段に「固定負債」が表示されている。

　これも堂安株式会社で確認してみよう。「流動負債」のすぐに支払の期日が来る支払手形 1 億円や買掛金がまずは上に、そのあとに銀行から短期で借りている短期借入金と並んでいく。そして「固定負債」で 1 年を超えて返済や支払いをしていくものが並ぶ。そして、全ての負債で 24 億 2,630 万円がありいつかはこれら全てを返済していかなければならないということになる。逆にいえば 42 億 4,750 万円の資産のうち 24 億 2,630 万円は他人の物と考えるといいかもしれない。

❸　純資産の部

　純資産とは、株主が資本金として会社に入れた資金にプラスして過去の利益の積み上げを表しているもの。ようは負債とは違って返す必要がなく、自己で

積み上げてきたものなので、自己資本ともいう。

　これも堂安株式会社で確認してみると、**資本金が** 5,000 万円でスタートし、累計で 17 億 7,120 万円の利益を積み上げてきて合計が 18 億 2,120 万円ということになる。**純資産がマイナスであれば債務超過の状態であり、倒産のリスクが高いと判断される。**

　純資産は株主のお金が関係してくる「株主資本」とそれ以外の「株主資本以外」の二つに分けられる。

ドゥーアン　なるほど、資産がたくさんあっても負債が多かったら自分で稼いで買ったものじゃないということですかね。

秩父宮税理士　そのとおり。たくさん資産を持って自慢げに話す経営者もいるが、それが儲けて蓄積したものではなく、他人から借りてきているものという自覚がない経営者もいる。特に売上の入金と借入金の入金の区別までつかなくなってくる。実際、**会社をうまく経営してきたかは、損益計算書ではなく貸借対照表に全てあらわれる。**でも経営者同士は不思議と今儲かっているかと、年商いくらだとか損益計算書の方ばかり話をしたがる。まあ貸借対照表を見ないしわかっていない経営者も多い。

ドゥーアン　そうですよね。損益計算書しか僕もこうなる前は気にしていませんでした。ところで、何か分析の指標とかありますか？

秩父宮税理士　たくさん重要な分析はあるのだけども、二つほど紹介しておくね。

❶　自己資本比率

秩父宮税理士　これは、安全性の指標の一つで「自己資本比率」というのがある、**会社の全財産のうち、返済しなくてもいい資本（純資産）の比率**がどれくらいあるのか、その比率を計算したもののこと。

> **自己資本比率（%）＝ 自己資本（純資産の部合計）÷ 総資産（資産の部合計）**

　自己資本比率が低いほど、他人から借りている資金でその会社はなりたっている。不安定な経営を行っていることとなり、自己資本比率が高いほど経営は

安定し、倒産しにくい会社といえる。**一般的に自己資本比率が 40%以上なら倒産しにくく優良な会社、50%以上なら超優良会社といえる。**あのパナソニック㈱でも 30%程度だからね。

　ちなみに、この貸借対照表で**堂安株式会社の自己資本比率を計算してみると**

$$18 億 2,120 万円 ÷ 42 億 4,750 万円 = 42.8\%$$

素晴らしい。**形上は、パナソニックよりもよい自己資本比率で優良企業ということになる。**

ドゥーアン　でも、表面上だけでしょう。本当にそうなら嬉しいのですが。

❷　流動比率

秩父宮税理士　流動比率とは、会社の支払い能力を判断することができる指標で、1 年以内にお金になる流動資産が 1 年以内にお金を支払わなければならない流動負債の何倍あるのか、その比率で計算したもののこと。

流動比率（%）＝　流動資産 ÷ 流動負債

　流動比率が高ければ、支払い能力が高く、流動比率が低ければ支払い能力が悪いということになる。流動比率の高さは、会社に余裕資金があるかどうかを表すもので、他社を分析する与信管理の上でも重要な指標、**流動比率が 120%以上であれば、一般的には短期的な資金繰りには困らないとされており、100%を下回っていると支払能力に不安があるとされている。**参考までにパナソニック㈱は 120%程度となっている。

　この貸借対照表で**堂安株式会社の流動比率を計算してみると**

$$24 億 7,150 万円 ÷ 7 億 130 万円 = 352\%$$

　またまた、**形上は素晴らしい。パナソニックよりもよい流動比率で超優良企業といえる。**

ドゥーアン　どうせ、表面だけでしょう。

秩父宮税理士　そのとおり。指標って結局正しい数字でないと意味がないからね。

（2）粉飾決算が及ぼす貸借対照表への影響

秩父宮税理士　ここまでの説明で指標って結局は正しい数字でされないと、あまり意味がないということがわかったと思うけど、さらにその辺りを説明していくね。

ドゥーアン　うちの会社がそんなに超優良企業ではないことはわかります。でも分析の指標でみるとよい会社に見えてしまうのですね。

秩父宮税理士　そう、それが怖いところ。金融機関もコンピュータに登録してみてみるとよい指標が出て、これなら融資できると錯覚してしまう。経営者も無料の決算書分析サービスという言葉に踊らされて、**粉飾している決算書を提出してよい分析結果が出てきて、当社は凄いのだと錯覚してしまう**ことも多い。

ドゥーアン　そうでしょうね。僕もおそらく説明してもらえてなかったら錯覚していたかもしれません。

秩父宮税理士　そうよく理解してきたね。次は損益計算書で行っていた粉飾がどのように貸借対照表に影響するのかを見てみることにしよう。

ドゥーアン　はい、お願いします。

秩父宮税理士　厳密に調べればもっと出てくるかもしれないが、今はっきりしているのは、**在庫の6億5,000万円の粉飾累計があるということだ。**

ドゥーアン　はい、それは把握しております。

秩父宮税理士　既に気付いているようだが、前回話した合法な粉飾の金額が結構あった。

ドゥーアン　はい、取得時期と比べて高い金額で残っているなと思っていました。

秩父宮税理士　固定資産台帳兼減価償却明細があったので、取得時期と耐用年数からきっちりと減価償却をしてきたら今いくらになるかを計算してみた、それが次の結果。

（単位：千円）

勘定科目	帳簿価額	理論値	償却不足額
建物	800,000	300,000	500,000
附属設備	100,000	30,000	70,000
車両運搬具	25,000	15,000	10,000
工具器具備品	70,000	50,000	20,000
合計	995,000	395,000	600,000

　理論値というのが、きっちりと減価償却してきた場合の決算末の帳簿価額になる、償却不足というのが、**本来減価償却するべきだった金額の累計**ということだ。

ドゥーアン　そんなにあるのですか？　思っていた以上ですね。まあ本音をいうと何が出てきてもあまり驚かなくなっている自分が一番怖いですが。

秩父宮税理士　ここがポイント。在庫の件もそうだったが、**損益計算書で粉飾をしていくと必ず貸借対照表に歪みが出てくる**。ダメな経営者は貸借対照表をほとんど見ないからね。1年経過するとリセットされて、何をしたかを忘れている。どんどん会社の健康状態は悪くなっていっているというのに。結局は単純にわかったものの**在庫の粉飾と償却不足の粉飾の合計で 12 億 5,000 万円の悪いものが体に溜まっている**感じなのだ。これらを加味した貸借対照表を確認してみよう。

貸 借 対 照 表

平成30年3月31日　現在

堂安株式会社

（単位：千円）

資　産　の　部		負　債　の　部	
科　目	金　額	科　目	金　額
【流動資産】	1,821,500	【流動負債】	701,300
現 金 及 び 預 金	371,500	支 　払 　手 　形	100,000
受 　取 　手 　形	50,000	買 　　掛 　　金	125,000
売 　　掛 　　金	250,000	短 期 借 入 金	250,000
商 　　　　　品	600,000	未 　　払 　　金	200,000
前 　　渡 　　金	30,000	未 払 法 人 税 等	1,300
短 期 貸 付 金	500,000	未 払 消 費 税 等	20,000
未 　収 　入 　金	10,000	預 　　り 　　金	5,000
仮 　　払 　　金	10,000	【固定負債】	1,725,000
【固定資産】	1,176,000	長 期 借 入 金	1,700,000
【有形固定資産】	1,095,000	長 期 未 払 金	25,000
建 　　　　　物	300,000	負 債 の 部 合 計	2,426,300
建 物 附 属 設 備	30,000	純　資　産　の　部	
車 両 運 搬 具	15,000	【株主資本】	571,200
工 具 器 具 備 品	50,000	資 　　本 　　金	50,000
土 　　　　　地	700,000	利 益 剰 余 金	521,200
【無形固定資産】	1,000	その他利益剰余金	521,200
電 話 加 入 権	1,000	繰越利益剰余金	521,200
【投資その他の資産】	80,000		
投 資 有 価 証 券	20,000		
関 係 会 社 株 式	30,000		
敷 　　　　　金	30,000	純 資 産 の 部 合 計	571,200
資 産 の 部 合 計	2,997,500	負債及び純資産合計	2,997,500

ドゥーアン　うわ！　資産の部の合計も純資産の部の合計もすごく減っています。

秩父宮税理士　これが**粉飾をしてきていなかったらと仮定した真実の貸借対照表**。厳密には無駄な税金を負担してきていたかもしれないからこのままズバリにはならないけど。

ドゥーアン　そうか、粉飾しているということは無駄な税金を払っている可能性もあるのですね。でもこれをベースに先ほど教えていただいた**自己資本比率を計算**してみます。

5 億 7,120 万円 ÷ 29 億 9,750 万円＝ 19%

40％も全然ないです。これが実態ですね。

秩父宮税理士　いや、実態ではないね。私は売掛金も怪しいと思っているし、本当の実態としてはさらに時価ベースの貸借対照表を見てみる方がよいから、一度会社の方に訪問して色々調べても大丈夫かな？

ドゥーアン　はい。今は父親が世界一周の旅に行っているので大丈夫です。よろしくお願いします。

（3）税務会計に惑わされない実態の貸借対照表

　秩父宮税理士は、ドゥーアンの許可を得て堂安株式会社に訪れた。そして貸借対照表の各種項目について資料を要求し、ヒヤリングを経理部、商品部、営業部に行った。会長に不満を持つ社員は多く、何か変えてくれそうな気がして協力的であった。そして数日後にドゥーアンを事務所に呼び出した。

ドゥーアン　珍しいですね、先輩から呼び出すなんて。緊急ですか？

秩父宮税理士　会社に訪問後に**時価ベースの実態貸借対照表が完成したので**ね。内容が内容だけにその事実を早く伝えた方がよいかと思ってね。

ドゥーアン　そんなにまずいのですか？

秩父宮税理士　ざっと主な資産の査定をしてみたのだが、以下がその結果。

単位：千円

勘定科目	帳簿価額 (A)	修正①	修正②	再評価額 (B)	内容
売掛金	250,000		△ 80,000	170,000	長期滞留、回収不可能性はゼロに近い部分
商品	1,250,000	△ 650,000	△ 150,000	450,000	長期滞留、売却不可能な在庫
短期貸付金	500,000		△ 500,000	0	回収不可能
建物	800,000	△ 500,000	△ 100,000	200,000	売却可能価額 不動産鑑定士簡易査定
附属設備	100,000	△ 70,000	△ 30,000	0	建物に価値含む
車両運搬具	25,000	△ 10,000	0	15,000	償却不足額を調整
工具器具備品	70,000	△ 20,000	0	50,000	償却不足額を調整
土地	700,000		△ 550,000	150,000	売却可能価額 不動産鑑定士査定
電話加入権	1,000		△ 1,000	0	売却可能価額
投資有価証券	20,000		61,000	81,000	取引相場に再評価
合計	3,716,000	△ 1,250,000	△ 1,350,000	1,116,000	

　よくある**売上を粉飾して売掛金が膨れあがっている事実はなかった**。これはあくまで私の予想だけど売上の粉飾をすると余分に消費税を払うことにもなりかねないからそれをしなかったのだろうね。でも**売掛金には、長期的に滞っていて回収の見込みが全くない得意先がいくつもあった。商品もドゥーアンが懸念していたように、デッドストックなどかなり大量にあった。**

　修正①が、粉飾をしなかった場合と仮定した場合の修正、修正②が今回時価評価を行った場合の修正。修正①が 12 億 5,000 万円、修正②が 13 億 5,000万円で合計 26 億円が時価ベースでみると資産が実在しないということになる。

　これらを加味した貸借対照表がこのとおりとなる。

貸　借　対　照　表

平成 30 年 3 月 31 日　現在

堂安株式会社　　　　　　　　　　　　　　　　　　　　　　　　（単位：千円）

資　産　の　部		負　債　の　部	
科　目	金　額	科　目	金　額
【流動資産】	1,091,500	【流動負債】	701,300
現 金 及 び 預 金	371,500	支　払　手　形	100,000
受 取 手 形	50,000	買　掛　金	125,000
売 掛 金	170,000	短 期 借 入 金	250,000
商 品	450,000	未　払　金	200,000
前 渡 金	30,000	未 払 法 人 税 等	1,300
未 収 入 金	10,000	未 払 消 費 税 等	20,000
仮 払 金	10,000	預　り　金	5,000
【固定資産】	556,000	【固定負債】	1,725,000
【有形固定資産】	415,000	長 期 借 入 金	1,700,000
建　　　物	200,000	長 期 未 払 金	25,000
車 両 運 搬 具	15,000	負　債　の　部　合　計	2,426,300
工 具 器 具 備 品	50,000	純　資　産　の　部	
土　　　地	150,000	【株主資本】	△ 778,800
【投資その他の資産】	141,000	資　本　金	50,000
投 資 有 価 証 券	81,000	利 益 剰 余 金	△ 828,800
関 係 会 社 株 式	30,000	その他利益剰余金	△ 828,800
敷　　　金	30,000	繰越利益剰余金	△ 828,800
		純　資　産　の　部　合　計	△ 778,800
資　産　の　部　合　計	1,647,500	負債及び純資産合計	1,647,500

　資産は本来 16 億 4,750 万円の価値しかなく、負債は 24 億 2,630 万円あり、7 億 7,880 万円の債務超過になってしまっている。本来なら会長への退職金の未払金と短期貸付金は相殺するべきものだけど、もう支払ったと聞いていたので相殺していないし、短期貸付金の回収は全額難しいとしている。仮にこの貸付金が全額回収可能で 5 億円を加算したとしても債務超過になる。

ドゥーアン　もう破綻寸前です。どうすればいいのでしょうか？

秩父宮税理士　根本的に大きなメスを入れないといけない。損益計算書の時にも話をしたように、収益力はあるから無駄な経費を省けば再建の可能性はある。

ドゥーアン　お願いします。

（4）貸借対照表の重要性と銀行対応

秩父宮税理士　こんな状態で申し訳ないが、貸借対照表が大事なことは理解できたかな？　中小企業の経営者は、どうしても、私的な費用や支出が混じっていたり、税務会計や銀行向けに対して決算を組んでしまい、会社本来の持つべき収益力はもちろんのこと資産や負債が表されないことが多い。

ドゥーアン　大企業は違うのですか？

秩父宮税理士　公開企業の場合には、株主に対して本当の現在の姿を開示しなければならないから、時価会計を取り入れているのだ。だから**公認会計士の監査を受けて、損益や貸借対照表が適正な処理がされているという監査報告書をもらわないといけない。**それでも、東芝やライブドアのように粉飾決算をしてしまう。まあこの場合には世間を賑わす大事件になってしまい、捕まるものもでてくるが。

ドゥーアン　僕も捕まるのでしょうか……。でも、時価で評価して逆に土地とかの価値が上がっていて税金とられたらいやですし、そのような会計は取り入れたくない気持ちもわかります。

秩父宮税理士　**税務会計は取得価額主義**だから、もし土地に含み益があって、それを会計上処理しても、税務のうえではそれは実現していないものと扱うことが可能で、余分な税金を支払う必要はないのだ。

ドゥーアン　そうなのですか？

秩父宮税理士　そう。「会計の決算での利益＝税金の計算の利益」と思っている人が多いけど**実際には調整をして再計算される**。細かい説明は割愛するけど。

ドゥーアン　また教えてください。

秩父宮税理士　それよりも、**銀行へ提出している決算書も違うとは困ったもの**だな。

ドゥーアン　そうなのです。こんなことまでしていたのかと…。僕はやっぱり捕まりますか？

秩父宮税理士　まあ、会長が行っていたことは事実だし、まずは銀行との対応

も含めて、慎重に動かないといけない。大半の株を持っているのは会長だから、会長にもこの事実を説明して理解してもらわないといけない。

ドゥーアン　会長が話を聞いてくれるかどうか？　でも銀行は大事ですよね。

秩父宮税理士　会長には、私から一度話をしてもいいが、おそらく聞いてくれないだろうね。

ドゥーアン　おそらく、そうかと思います。でもセカンドオピニオンに入ってもらうとか経営コンサルに入ってもらったとか、なんかの理由つけるので会ってください。

秩父宮税理士　わかった。アポをとってくれればうまく話してみるよ。銀行については、審査部に私のよく知っている人物がいるから、堂安株式会社とはいわずこのような会社があるという仮定で一度話をしてみる。

ドゥーアン　ありがとうございます。

秩父宮税理士　今後なのだが、まずは**堂安株式会社が本当の意味で収益力があるのかどうか**、税務会計から離れて、管理会計で分析していってみよう。

ドゥーアン　わかりました。ぜひともお願いいたします。

秩父宮税理士　今日の報酬だが、急に呼び出して悪かったのと、こんな会社の実態を聞いたらさぞ疲れただろう。そしてストレスも半端ないだろう。だから今日はドゥーアンが逆に私にタックルをしてもいいよ。

ドゥーアン　いや先輩にそんなことできませんよ。無償でこんなにお世話になっているのですし。

秩父宮税理士　何？　先輩のいうことが聞けないのか。それじゃあ望み通り俺がタックルしてやる。

ドゥーアン　うわ！　先輩、それはパワハラです。花園社労士に間に入ってもらいます。

秩父宮税理士　まあ私も疲れたし、もう今日は飲むぞ！

5. 管理会計

（1）銀行から融資ストップ、表面上は黒字なのになぜかお金は足りない？

　ドゥーアンは、会社の実態を知れば知るほど不安との戦いであった。しかし、ドゥーアンは、ラグビーの現役時代にも幾度となく怪我や逆境に耐え忍んできた精神のもと、この状況と戦っていこうと心を決めていた。その時、ちょうどメインバンクのフルバック銀行の真黒支店長が、挨拶があると会社に訪問していた。

真黒支店長　社長、おはようございます。実は私は異動になりまして、後任の支店長を連れてまいりました。

ドゥーアン　そうなのですか。この前にお会いしたばかりですが何だか寂しいですね。

真黒支店長　短い間でしたが、お世話になりました。後任の李支店長です。

李支店長　堂安社長、はじめまして李玲夫（り・れいふ）と申します。よろしくお願いいたします。

ドゥーアン　こちらこそ、よろしくお願いいたします。

李支店長　ところで、堂安社長は学生時代ラグビーをされていたとか？　実は、私も高校までラグビーをしていましてね。大学に入ってからは限界を感じて、ラグビーのレフェリーの道に進みました。今でも休日には、公式戦などで笛を吹いていますよ。

ドゥーアン　そうなのですか、いいですね。今でもラグビーに携わっておられるとは。

　李支店長とドゥーアンは、しばらくラグビーネタで盛り上がった。ドゥーアンもいつしか銀行に対して嘘をついていたことを忘れて会話を楽しんでいた。

ドゥーアン　いや、楽しい会話でした。久々にラグビーの話ができましたし、今後とも李支店長よろしくお願いいたします。

李支店長　こちらこそよろしくお願いいたします。ついついラグビーの話で盛り上がってしまい、一番大事な話をするのを忘れていました。今回、**前社長の退職金の融資は 7 年返済で実行をさせていただきましたが**、これで**当行の短期の融資も合わせると合計 9 億 5,000 万円**となります。当行以外では、ノットリリース銀行さんから 3 億 5,000 万円、京都楕円銀行さんから 1 億 5,000 万円で合わせて 14 億 5,000 万円となり、当行のシェアが 3 分の 2 程度となってきております。**今の約定のお支払いは、当行だけでも月額で元本 700 万円程度**あり、確かに堂安株式会社様は毎期利益を計上されておりますが、**現状の利益の返済可能額や担保状況ではこれが限界なので、新たな融資は無理と思っておいてください。**

ドゥーアン　いや、そんなことを急にいわれても。

李支店長　社長、私は会社のためにもと思って、レフェリー的な中立的立場でお話ししているのです。**これ以上借入を増やして返済できますか？**　まずは、**借入ばかりに頼らないように抜本的な会社内部の改革を行ってキャッシュフローの改善を行ってください。**いくら利益が出ても、キャッシュフローが回らなければ会社は存続できませんし。

　ドゥーアンは、すぐに言葉がでなかった。李支店長のいうことはもっともだったからである。しばらくの沈黙のあと、ドゥーアンは思い切って話をした。

ドゥーアン　李支店長、実は今、会社内の抜本的な改革を行うために、顧問税理士以外の税理士と社会保険労務士に相談をしています。ラグビー部時代の先輩と同級生なので無償でしてもらっているのです。少し時間はかかりますが、それまで何とかご協力をお願いできませんか、私も必死で頑張りますから。

李支店長　わかりました、それはいいことですね。でも**1 億円融資したところです。新規融資はできないものとして改革をお願いいたします。**

ドゥーアン　わかりました。

ドゥーアンは、そういうしかなかった。

（2）黒字倒産の危機　在庫という魔物

　ドゥーアンは、会社内の抜本的な改革のために京丹後市の倉庫を訪れていた。まずは、**社内の収益力アップのためにも商品のチェックとデッドストックとなっている商品を何とか現金化できないのか**と感じたからであった。京丹後市の在庫商品を見てドゥーアンは愕然とした。**全く整理がなされておらず、虫食いの商品も沢山あり、逆に処分費がかかりそうな商品の山、そして棚卸表に載っている商品がどれかを確認しようと指示を出しても数時間かかる**というのである。

ドゥーアン　どの商品も探すのにこれくらいの時間がかかるのですか？
倉庫長　古い商品は奥の方にあるので仕方がないですよ。これでも私たち頑張って探しているのです。でもほら、**今の定番のよくでる商品は手前のテント倉庫にある**でしょう？　すぐに荷出しできるように置いてあるのです。頭いいでしょう？
ドゥーアン　手前というのは、鍵がかからないところ？　盗難の危険性があるでしょう？
倉庫長　こんな田舎に誰も取りに来ませんって。この方が運送会社の方もいちいち私らを呼ばずに持っていってくれるので楽なのですから。
ドゥーアン　でも、ここって警備会社のセキュリティもかかっているのでしょう？　**セキュリティのかかってないところに価値のある商品を置いて、セキュリティのある所に価値のない商品置くのっておかしいと思いませんか？**
倉庫長　社長、心配性ですね。警備会社のセキュリティって導入はしていますが、一度もセットしたことないですし、この倉庫の鍵も掛けたことないですよ。だって、この倉庫に社員が５名いて、鍵当番とかも面倒なので誰がいつ来てもいい方が便利でしょ。何度もいいますがこんな田舎に誰も商品を取りに来ませ

んって。

ドゥーアン　もういい、わかった。とりあえず、ここから奥の商品は売却が不可能だと考えていいのだね。

倉庫長　まあ、5年以上全く動いていない商品が大半ですね。二次加工して売ることも我々の目から見てもできないでしょうし。

ドゥーアン　また来るから、デッドストックの分を少し整理しておいてくれるかな。

倉庫長　わかりました。でも、みんな高齢ですしあまり期待しないでくださいね。

　ドゥーアンは、**倉庫の管理状況のずさんさに唖然としていた**。手前の商品も盗まれている気がして、結局、夜中まで気になって倉庫のガレージに車を停めて考えこむドゥーアンであった。そこで、この倉庫ってそもそも必要なのかという疑問を抱き、よく**黒字倒産って在庫が問題になるよな**と考えながら車で眠りについてしまった。

(3) 経験と勘と度胸で行われていた同族経営の限界

　今日は、今年の夏以降の商品仕入れや催事をどのようにしていくかの幹部会議があった。参加者は、ドゥーアン社長、倉内バインドセット取締役、ノッ子経理部長、佛化商品部長、ドゥーアンが社長になったことにより、営業部長に戻った古場営業部長であった。会長はまだ世界一周旅行から戻ってきていない。倉内取締役が議事進行をはじめた。

倉内　それでは、社長どうしましょう？

ドゥーアン　どうしましょうって？　いつもどのように決めているの？

倉内　あ、いつもは震便前社長が、「頑張って売れよ！」「目標は〇〇だ！」といって、「ワシの経験からいけば、この催事は〇〇売上があがる！」「今の流行ならこういう商品を仕入れろ」とかいって、仕入業者や関係会社から届いてい

るサンプル品やカタログ等を見て勝手に決めていました。

ドゥーアン　それで、結果はどうなっていたの？

倉内　はっきりいって、**ここ最近はことごとく失敗に終わっていました。**本来儲かる催事が、逆に時代遅れの商品等が置かれていてお客さんからの評判も悪くて。

ドゥーアン　みんな、その話はしていなかったの？

倉内　そんなのいえるくらいなら苦労しませんよ！　売れなかったら全て僕らの責任にしますし、売れたら売れたで自分の手柄のように自慢します。

ドゥーアン　なるほど、何となくわかるよ。でも、今後はきっちりと売れる商品で攻めていきたいと思う。みんなの意見を聞きたい。

佛化商品部長　あの、ちょっとよろしいですか？　**商品企画に若くてよいデザインをする千田というものがおります。**彼女のデザインが若いものには評判がいいのです。しかし、なかなか商品化までいかなくて。

ドゥーアン　それはいいじゃないか？　何で前に進まない？

佛化商品部長　サンプル品まで関係会社の堂安織物株式会社に製作してもらっているのですが、**ことごとくセンスがないと会長にどやされてしまって前には進まないのです。**

ドゥーアン　ちょっと、その試作品を見せてくれる？

佛化商品部長　社長、こちらです。結構色々ありまして、今の時代にかなりマッチしていると私は思うのです。

ドゥーアン　なるほど、**営業の感覚からいってもこれなら営業しやすいなあ。**どう思う古場営業部長？

古場営業部長　はい、**これなら売り込みしやすいです。**

ドゥーアン　ちょっと、千田さんをここに呼んでもらえるかな。

　佛化商品部長は、千田を内線で会議室に呼び出した。

千田　はい、社長。何か御用でしょうか？

ドゥーアン　千田さんが企画デザインしてくれた商品のいくつかを製品化して前に進めようと模索していてね。ちょっと各商品の説明をみんなにしてもらえ

たらと思う。

千田　え、本当ですか！　喜んでさせていただきます。

ドゥーアン　よし、私からみたらこの5点程は前に進めてみようと思う。みんなも見て他に進めてみた方がよいものがあったらいってほしい。

　みんながわいわいと試作品を見て千田に質問をしていた。そして、その**商品の中から、結果として10点程がピックアップ**された。

ドゥーアン　では、この10点程の商品を一度前に進めてみたいと思う。いくら仕入れるか個数見込みを出して、至急、堂安織物株式会社になるべく原価を抑えてもらうように交渉を進めてもらえますか。

佛化商品部長　そこまでするのですか？　今までは**堂安織物は震便会長の弟さん**の会社ですし、先方の言い値だったのですが。

ドゥーアン　当社はしっかりと生まれ変わるためにも、親族の会社といえどもその辺りはしっかり区別しておかないといけないので、私からもいっておくから。

佛化商品部長　わかりました。助かります。では、千田くんの商品の件、進めてまいります。

　そうすると、倉内取締役、古場営業部長、佛化商品部長、会長派だと思われていたノッ子からも笑顔がこぼれ、有意義な会議で前向きな方針が固まった。

（4）低賃金・低い労働分配率

　有意義であった会議終了後、ドゥーアンは意気揚々と自分のデスクに戻る途中に、千田から呼び止められた。

千田　今日はありがとうございました。会長は私の話は全く聞いてくれなくて…今日は社長が前向きに商品化を考えていくとおっしゃっていただいて、嬉しくて今後もここで頑張ろうという気になれました。

ドゥーアン　いや、逆にこちらが今まで申し訳なかった。今後は風通しのよい会社を目指しているので協力をよろしくお願いします。

千田　はい、そこでご相談というか、いおうか非常に迷ったのですが…。

ドゥーアン　正直に話してくれればいいですよ。

千田　では、お話しさせていただきます。こちらに勤めて私は5年になります。その間でもデザイン部だけで退職した人が何名いたことか。私は会長に何度も給料泥棒といわれながらも、いつか自分のデザインした物が世の中に出回ればと大好きな仕事をしていたので何とか続けていたのですが。

ドゥーアン　会長のいい方で会社を辞めてしまう人間は多いだろうと思う。パワハラについてはまた私の知人に相談しようと思っている。

千田　退職の理由は、パワハラもあるかと思うのですが、**一番の理由は給与の安さだと思います**。私は好きで残業していたので問題ないのですが、**会長の指示で強制的に残業している人も多く、給与が安いだけではなく、残業代すら出たことがないのです**。

ドゥーアン　そうなの？　本当に申し訳ない。私自身も、この会社に来たときは最低賃金並みの給与で驚いたしなんとなく理解できる。

千田　社長までもそうだったのですか？　申し訳ございません。一社員がこんなことをお話して。

ドゥーアン　いいよいいよ。それで話を続けてくれる？

千田　今、そのような**不安を持っている社員同士が弁護士事務所に相談に行っているみたいで、未払残業代の請求を起こそう**と思っているらしく、辞めた社員も募っていて私自身も実は誘われていたので気になって。

ドゥーアン　ありがとう、よくいってくれた。この件については早急に対応するようにするよ。

千田　こんな私の話を聞いてくださりありがとうございました。

　ドゥーアンは、この時点では未払残業代のリスクをそこまで真剣に考えることができなかった。そして、それが後にどれほど大きな問題になるかさえもわかっていなかった…。

秩父宮税理士のレクチャー

（1）キャッシュフローや資金繰りの見方やその手法

　ドゥーアンは、経緯を説明するため、沖縄出張中に購入したかりゆしウェアを着て、お土産のちんすこうを持って秩父宮税理士事務所を訪れていた。

ドゥーアン　そのような経過で、**銀行から新たな借入ができなくなりました。**李支店長も厳しい方のようで今後どうしていけばいいでしょうか？

秩父宮税理士　李支店長に変わったことは、ある意味よいかもしれないね。

ドゥーアン　ご存知なのですか？

秩父宮税理士　ラグビー仲間の中でも有名な銀行マンで、なかなかの切れ者ではっきりと物事をいうが、厳しいだけではなくしっかりと企業側にたってくれる人だよ。

ドゥーアン　でも、貸さないって…。

秩父宮税理士　ある意味、親身になっていると思う。**借りてばっかりではなく、自社できっちりとお金が回る仕組みを作らなければならない**からね。そのためにはいくら**決算書を黒字に飾っても、実際のキャッシュフローは嘘をつけない**からね。

ドゥーアン　そういうものなのですか、貸借対照表も嘘をついていましたしね。

秩父宮税理士　まず、今回は、最初の財務諸表で説明したキャッシュフロー表に行く前に、貸借対照表と損益計算書をシンプルに考えて、ドゥーアンが好きな競馬に例えて考えてみよう。

> **＜条件＞**
> ・ドゥーアンの手元資金は 10,000 円でスタート。

> ←資本金とする
>
> • ドゥーアンは秩父宮税理士から 100,000 円を借りて競馬場に向かった。
>
> > ←借入金
>
> • 勝ち負けを繰返して馬券を累計で 30 万円購入、累計の払戻しは 31 万円
> であった。
>
> > ←売上が 310,000 円　売上原価が 300,000 円
>
> • かかった経費は、往復電車代 1,200 円、競馬新聞の購入費 500 円、現地
> での情報交換のための飲食 2,300 円。
>
> > ←販売費及一般管理費　1,200 円＋ 500 円＋ 2,300 円＝ 4,000 円
>
> • 秩父宮税理士へ返済しようとしたら、また来週も行くならまだいいとい
> われて返済せず、お礼に 1,000 円だけ手渡した。
>
> > ←支払利息　1,000 円
>
> • 家に帰ってみたら、財布には 115,000 円が残っていた。
>
> > ←期末の現預金残高 115,000 円

これを、まずは損益計算書に表わすと 5,000 円の利益ということがわかる。

損益計算書		販売費及び一般管理費	
科　　目	金　　額	科　　目	金　　額
売上高	310,000	旅費交通費	1,200
売上原価	300,000	新聞図書費	500
売上総利益金額	10,000	接待交際費	2,300
販売費及び一般管理費	4,000	合計	4,000
営業利益金額	6,000		
支払利息	1,000		
経常利益	5,000		
税引前当期純利益金額	5,000		

そして貸借対照表は次のようになることがわかる。

貸借対照表

科　　目	金　　額	科　　目	金　　額
現金預金	115,000	借入金	100,000
		負債の部合計	100,000
		資本金	10,000
		繰越利益剰余金	5,000
		純資産合計	15,000
資産の部合計	115,000	負債及び純資産合計	115,000

　そしてキャッシュフロー表はどのようになるかというと、

キャッシュフロー（ＣＦ）表

営業活動のＣＦ	5,000
投資活動のＣＦ	―
財務活動のＣＦ	100,000
キャッシュの増減	105,000
現金預金の期首残高	10,000
現金預金の期末残高	115,000

＊スタート 10,000 円を期首残高とする。

　このようになり、今回は**損益計算書では 5,000 円のプラスなのだが、実際の
キャッシュフローでは借入金を返済していないから 105,000 円増えた**という
ことになる。

ドゥーアン　なるほど、もし先輩にお金返さなくていいといわれたら特別利益
ですね。

秩父宮税理士　そのとおり。実際のキャッシュフロー表はこんな単純にはいか
ないが、お金が回収できているかできていないかによっても変わってくるので
調整が必要になってくる。例えば、馬券を **50,000 円**分換金していないとする
と、まだ **50,000 円**はお金ではないので貸借対象表上、売掛金 **50,000 円**とし
て表示され、キャッシュフロー上では増減は **55,000 円**の増加で手元の残高は
65,000 円になる。

ドゥーアン　すごくわかりやすいです。でも、損益計算書は変わらないですよ

ね。

秩父宮税理士 そう、損益計算書は変わらない。もしこの状態で、私が全額お金ですぐ返せといえば返せないよね。そうすると、黒字なのに破綻。

ドゥーアン なるほど。実際はそんなこといわないでくださいよ。

秩父宮税理士 そして、実はこの馬券を換金していて、帰りにキャバクラで50,000円使っていたことを隠していたら、これが粉飾。

ドゥーアン なるほど。安易に嘘をついてしまいそうですね。

秩父宮税理士 今は単純に日常的な例で説明してみたが、なんとなく理解できているようだし、本題のキャッシュフロー計算書を、実際の堂安株式会社の決算書で具体的に解説していきたいところだが、かなり難しくなるのでまたの機会にしよう。

ドゥーアン わかりました。またよろしくお願いします。

（2）在庫が及ぼす黒字倒産

ドゥーアン 説明したとおり、**会社の在庫管理がずさんでひどいものでした。在庫が及ぼす影響や管理について詳しく知りたいです。**

秩父宮税理士 会社にとって、在庫がないとお客様にすぐに商品を売ることはできないが、もし在庫が多すぎると資金繰りを圧迫してしまう。経営者にとって在庫は悩ましい魔物なのだ。

赤字が慢性的に続けば、会社はもちろん倒産する可能性が高くなるが、利益が出ていたとしても在庫が過多になるということは、資金（キャッシュ）がなくなってしまい倒産する可能性は高くなる。

在庫にはいろいろな種類があり、**製造業では「部品」や「原材料」の在庫、工程にある「半製品」や「仕掛品」の在庫、完成した「完成品」の在庫、小売業や卸売業では「商品」の在庫がある。**

資金を圧迫する可能性があるのは、何もその原価だけではない。在庫が増えるとその分スペースが必要にもなり、それに伴う管理経費も増える。借入等に依存していると金利負担もかかる。また、不良資産として抱える可能性も高く

なる。

　一般的に、在庫を保有することによってかかる管理費は少なくても年間の在庫金額の５％、多い場合には 25％ともいわれている。

　よって、**在庫を減らす工夫や適正在庫を知って在庫管理や発注管理をすることが非常に重要**といえる。

ドゥーアン　そうですよね。丹後の倉庫には在庫が多すぎて、実際に管理費がいくらかかっているのかすぐに調査する必要があります。

秩父宮税理士　では、続いて在庫についてさらに説明しておこう。まず、**大切なのが「適正在庫を知る」こと**。適正在庫とは、**在庫コストを最小限に抑え、かつ、効率よく売上に結びついている在庫量及び金額のこと**をいう。適正在庫は簡便的に次の算式で求めることができる。

「適正在庫＝年間販売高÷年間商品回転率」

　ただし、これは人間でいう健康診断と同じで一つの目安にすぎない。実際には、季節商品や時間的な要因、安全在庫といった点を考慮して、各部署が分析し決定しなればならないので、**自社にあった適正在庫を量と金額の両方の観点から判断する必要がある**。

　続いて**大切なのが「在庫管理」をすること**。「在庫管理」のポイントを四つ挙げよう。

❶　棚卸しは毎月行う

　実地棚卸しは毎月行うように心掛ける。ただし、業種によっては毎月実施するのが困難な場合もある。その場合は、最低でも四半期に一度は実地棚卸を行い、毎月の入出庫管理表の記入を徹底させることが基本。そして、**実地棚卸による実際の在庫数量と、帳簿上の数量を突合し、差異があればすぐに原因を究明する**。これにより、商品や材料などの横流しの誘発防止にもつながる。

❷　棚卸しは数だけでなく質も行う

　棚卸しを行う際、「数だけを数えて終わり」という場合が多い。実際には、ABC 分析を行うなど、質の棚卸しを行う必要性がある。

　ABC 分析とは、管理しようとする対象をＡ・Ｂ・Ｃの３グループに分け、

それぞれの特性に対応した管理方式を重点的に実施するための分析をいう。

　Ａグループは、品目は少ないが、金額が大きいため、入念に個別的に管理する。Ｃグループは、品目は多いが、金額が少ないため、例外的事態だけを管理でよい。Ｂグループは、これらの中間的な管理をする。Ａグループの集中管理が効率的に行える。

　在庫が増える大きな要因は「いつかは売れる→この値段で売るのは損」と甘い期待をして販売価格を下げられないケースや、不要なもの（「季節はずれ商品」「競争力のない旧商品」など）を捨てられないケースなどが大半。これらによって、実際には価値のない不良在庫がどんどんと計上され、管理経費も膨れ上がる。

　このような事態にならないためには会社全体で明確に基準を設けることが大事。たとえば、「〇カ月以上発注が無い商品については〇％掛けで販売する」「〇年以上発注がない商品については廃棄する」など。

　その基準によって、在庫管理担当者も棚卸し分析をすることが大切になる。一見、損をしているように思われるが、原価割れでも固定化している資産がキャッシュに変わり、利益の出ている会社であれば損失が出た分、税負担も減る。また、管理コストも減少するため、キャッシュフローの観点からは、プラスに大きく作用する。また、小売業の場合には、バーゲンを行うことによって「集客の材料にできる」という効果を得ることも可能となる。

❸　整理整頓を行う

　在庫を保管している倉庫などは常に整理整頓をする。何がどこにあるか、一目瞭然に整理されていれば、在庫がまだあるのに発注してしまうなどのロスを抑えることができる。

❹　発注管理を行う

　発注方法を対象となる商品ごとに検討することで在庫を減らすことが可能となる。発注方式の内容と特徴は次のとおり。

定量発注方式	売れ筋商品などの出入りの激しい商品に適している。 在庫量をチェックし、ある在庫量（発注在庫量）を下回った時にある一定量の発注をかける方式。
定期発注方式	在庫管理上あまり手間がかからないことから在庫コストを抑えられるため、量のあまり出ない買い回り商品に適している。 補充的に毎月1日になったら発注するというように、発注間隔を一定にして発注する方式。出荷量にバラツキがあるので、毎回の発注量は発注のつど予測をして決める方式。
都度発注方式	高額商品など売れ行きの読みにくい、在庫をもちたくない商品に適している。 必要な都度、必要な量を発注する方式。

ドゥーアン　うわ、在庫管理全滅ですね。今、お話しいただいた内容を一度担当者に説明していただけませんか。

秩父宮税理士　機会を設けてくれたら一度してみよう。では、ドゥーアン、少しクイズを出すので検討してみてくれるかな。

> **Q** あなたの会社が、1個あたり**80,000円で仕入可能なA商品**を得意先Z社が1個あたり100,000円で毎回100個単位の購入をしてくれているとします。御社は、今までこの商品の在庫を持たずZ社からの注文に応じ仕入の発注をしていました。ところが、Z社から「今後は取引金額を大きくし、**毎回200個単位で購入するから、発注したら即日に納品してほしい**」という提案がありました。あなたならどうしますか？

ドゥーアン　そりゃ、もちろん取引大きくなるなら、そんな提案すぐにでも受けますよ。

秩父宮税理士　営業マンならそう答えてしまうだろうな。では、応じた場合はどうなるか考えてみよう。会社は80,000円×200個＝1,600万円のA商品の在庫を常にZ社への対応のために抱える必要性がある。ある時、A商品の競

争力が全くなくなって、Z 社が注文をしなくなった場合、1,600 万円の在庫が無価値になり不良在庫になる可能性がある。一見、簡単に応じたほうが得なように見えるが、**提案に応じるには追加で 1,600 万円以上の利益を得られる読み（具体的には 1,600 万円÷ 20,000 円（1 個あたりの粗利）＝ 800 個以上が追加で売れる読み）がなければ応じる必要性がない。**

ドゥーアン　なるほど、怖いですね。営業の立場ならすぐにでも飛びつきますよ。

秩父宮税理士　営業に比べ、在庫管理や発注管理は軽視されがちにどうしてもなってしまう。キャッシュフローの観点から、**本当の意味で利益を出すためには非常に重要なので、経営者はじめ会社全体が理解する必要がある。**高価な発注システムや在庫管理システムを導入する前に、**自社の流れを社員全員が理解し、上記のような当たり前のことからまずは実践してみる必要がある。**そのうえで、京丹後の倉庫自体が本当に必要かを考えた方がよいね。

ドゥーアン　わかりました。在庫ってかなり重要です。営業の観点だけではなく、会社全体として見直してみたいと思います。

（3）制度会計と管理会計の違い

ドゥーアン　うちの会社って完全に過去から経験と勘と度胸で経営していました。

秩父宮税理士　そのようだね。どうしてもそれでワンマンに行き過ぎる。ドゥーアンが経営していくためには管理会計ということを考える必要性がある。

ドゥーアン　管理会計って何ですか？

秩父宮税理士　それでは、そのあたりを解説していこう。会計には大きく分けて 2 種類あるのを知っている？　会計なんて一つだろうと思っているかもしれないが、会計は大きく分けて、①制度会計と②管理会計に分類される。外部の利害関係者（株主や金融機関など）に業績を報告するための目的であるのが制度会計であり、内部の経営陣の判断の材料とするためのものが管理会計なんだ。経理の業務というのは制度会計を基本に組み立てを行っているが、必要に応じ

管理会計がそれをカバーしているのが本来の形。また、**管理会計が制度会計も補完する関係が成り立っているため、管理会計は必須なものともいえる。**

❶　制度会計

　制度会計とは、会計基準という「制度」に従うもの。会社の外部の利害関係者を保護するためのものであるため、法律や規則などに準拠した会計となる。制度会計は、どのような種類の法律の規制を受けるかによって次の三つに分類される。

会社法会計
金融商品取引法会計
税務会計

　ほとんどの中小企業の場合は、税務会計を主に合わせることが多く、堂安株式会社もそのようになっているね。

❷　管理会計とは？

　管理会計は、制度会計のように過去の実績の結果を測定するものではなく、**会社の将来の方向性を決めるための意思決定を促すための会計手法**と考えればいい。利害関係者への報告を目的とした制度会計とは異なって、**法的な規制がなく、各企業独自の基準や考え方、手法によって行われるため、内容は非常に多岐にわたる。**したがって、その計画や統制の対象は会社全体、各部門、グループ、あるいは社員個人の業績になる場合もある。その対象期間も過去から数年先までさまざま。会計情報の範囲も、単に金額計数だけでなく、物量、生産性、人材の定性的な評価など多面的で限定されていない。そのような業務であるため、マーケティングなど、幅広い分野の知識と関連する。**簿記の発想から離れることも時には必要となる。**

ドゥーアン　なるほど、あまり枠にとらわれない会計全般が、管理会計なのですね。

秩父宮税理士　そのとおり。経営者は、従来から経理部や経理の方からの日報や週報など経営状況の報告は受けているはずだと思う。これも立派な管理会計

の一つで、これに中身を充実させればいいだけなので、自社のオリジナルでも十分。もちろん、制度会計で行っているものがベースになるものもあるが、その根拠や中身を示すものが、実は管理会計と考えればよい。**管理会計の方が制度会計よりも利益貢献度が基本的には高く、経営をしていくうえでは大変重要である**という認識が大事になってくる。

ドゥーアン　たとえば、どんなものがありますか？

秩父宮税理士　管理会計の事例としては、比較的ポピュラーなものの一つに「部門分析」がある。管理会計の目的はいろいろとあるが、大きな目的の一つとして、企業の未来に向けた分析を行い、より戦略的な意志決定と業務管理を実行するための手法であることがいえる。その中で「部門分析」は、会社全体の収支を把握するために単純かつ非常に重要である。

　次のA社の事例を見てみよう。決算書の合計だけを見ていては、会社の実態は見えてこないが、**単純に部門別に見るだけで、B部門は一番売上が主力であがっているので稼ぎ頭だと思っていたのに実は赤字なのか…と見えてくる。**会長ならおそらくB部門の売上をもっと上げろというだろうね。これは売上至上主義によく見られるケース。

A社部門別損益計算書　　　　　　　　　　　　　　　　（単位：千円）

	決算書計	A部門	B部門	C部門	管理部門
売上高	200,000	70,000	100,000	30,000	0
売上原価	81,000	23,000	50,000	8,000	0
売上総利益	119,000	47,000	50,000	22,000	0
役員報酬	12,000				12,000
人件費（注1）	40,000	10,000	20,000	5,000	5,000
旅費交通費	8,800	1,800	4,000	1,000	2,000
地代家賃（注2）	23,000	6,000	12,000	2,000	3,000
交際費	2,900	300	1,200	200	1,200
荷造運賃	800	100	300	100	300
その他経費	29,000	5,000	12,000	2,000	10,000
管理費配賦（注3）		11,700	16,800	5,000	△33,500
経費計	116,500	34,900	66,300	15,300	0
営業利益	2,500	12,100	△16,300	6,700	0

注1　人件費は直接その部門にかかわっている人の給与・法定福利費などを区分
注2　地代家賃は面積比等により按分
注3　区分できない経費は無理に分けずに「管理」という部門を作成し、各部門に
　　　合計を配賦して作成。今回は単純に売上比率で配賦（経費によっては面積費等で
　　　配賦したほうがいいものもあるので会社の実態に合わせて配賦することが重要）

秩父宮税理士　次にポピュラーな事例として、「損益分岐点分析」がある。損
益分岐点とは、儲けがトントンの売上高のことをさす。損益分岐点を超えると
会社は利益が出て、最低限利益を確保するためには損益分岐点以上の売上高を
あげなければならない。この**損益分岐点の分析は、会社全体の分析はもちろん
のこと、部門やプロジェクトごとに自分や部門がいくら売上を上げなくてはい
けないかということを把握するために、必要不可欠**。会社全体の損益分岐点分
析は行っている会社は多いかと思うが、実は、できるだけ部門別や商品別など
で行わなければ経営にはあまり意味がない。算式とともに、先程のA社を事例
に損益分岐点分析を行ってみるとそれがよくわかると思う。

損益分岐点売上	$損益分岐点売上 = \dfrac{固定費}{限界利益率}$
限界利益率	限界利益率　＝　1 － 変動費 ÷ 売上高 （限界利益（売上高 － 変動費）　÷　売上高）
変動費	売上高や操業度合によって比例的に増減する費用
固定費	短期間では売上高や操業度合の増減と関係なく一定・固定的に発生する費用

A社損益分岐点分析　　　　　　　　　　　　　　　　（単位：千円）

	決算書計	A部門	B部門	C部門
役員報酬	12,000	0	0	0
人件費（注1）	40,000	10,000	20,000	5,000
地代家賃	23,000	6,000	12,000	2,000
その他経費（注2）	29,000	5,000	12,000	2,000
管理費配賦（注3）	33,500	11,700	16,800	5,000
固定費計	137,500	32,700	60,800	14,000
売上原価	81,000	23,000	50,000	8,000
旅費交通費	8,800	1,800	4,000	1,000

交際費	2,900	300	1,200	200
荷造運賃	800	100	300	100
変動費計	93,500	25,200	55,500	9,300
変動費率	46.75%	36.00%	55.50%	31.00%
限界利益率	53.25%	64.00%	44.50%	69.00%
損益分岐点売上	258,216	51,094	136,629	20,290

注１：人件費には仕事に応じて派遣やアルバイトを雇用する場合には変動費
注２：変動費のものも含まれるが、便宜上、固定費とする
注３：変動費のものも含まれるが、便宜上、固定費とする

　この結果を確認すると、単純に全社で損益分岐点分析を行っていれば損益分岐点は２億5,821万6,000円の売上なのだが、**利益率の高いＡ部門やＣ部門を伸ばすことによって損益分岐点の売上は変動するし、その方が効率がよいことが見えてくる。**単純にＡ部門〜Ｃ部門の損益分岐点を合計すれば、２億801万3,000円になる。だからトントンまで持っていくためには全体で計算した２億5,821万6,000円の売上を目指すと、**どうしても売りやすいＢ部門を売ってしまいがちになり、経営方針として間違った舵取りになる可能性がある。**

ドゥーアン　会長のこと、いえないかもしれません。**営業の立場でも、Ｂ商品が売りやすければＢ商品を売ってしまいます。こういう分析ってかなり重要ですね。**

秩父宮税理士　制度会計も重要だが、**管理会計の重要性を再認識するとともに、どのような管理会計が必要かを自社で立案し業務に役立てていってほしい。まずは、自社の現状を知っていくことだね。**

ドゥーアン　ありがとうございます。いろんな角度で分析してみます。

（4）未払残業代の税務上の取扱いと労働生産性分析

ドゥーアン　いろんな分析をしていきたいところなのですが、未払残業代の請求も起こりそうで頭が痛いです。ノッ子に聞かれているのですが、もし、未払残業代を支払ったら会計や給与計算はどのようにすればよいのかと。

秩父宮税理士　花園社労士にも確認しないといけない労務上の取扱いの問題も
あるが、解説していくと、会社と労働者との合意の内容で少し差がでる。

1	未払で過年度の残業代を「一時金（精算金等）」として支給する合意の場合
2	未払で過年度の残業代を実労働時間に基づき「過年分の給与」として支給する合意の場合

　法人税法の取扱いとしては、1及び2に関わらず、支給したあるいは債務が
確定した事業年度の損金（経費と）の額に算入されることになり、いずれにせ
よ会計上は経費処理が可能になり同じ扱い。差が出るのは所得税法上で、どち
らの合意を選択するかによって給与所得の帰属時期が異なってくる。

　1の場合には、労働基準監督署の行政指導等により労使合意の上、支払額を
算定し、実質的には損害賠償金（過去の労働の対価に対する精算）として一時
に支給することから、**賞与と同様に支給を受けた年分の給与所得として認識す**
る。

　2の場合には、所得税法基本通達において「支給日が定められている給与等
についてはその支給日、その日が定められていないものについてはその支給を
受けた日」と規定されているため、**本来支給を受けるべきであった支給日の属**
するそれぞれの年分の給与所得として認識し、再度各年において年末調整をし
なおす必要がある。

ドゥーアン　うわ、2なら結構手間ですね。

秩父宮税理士　なので、**実務上は会社側としては1の方が手間はないが、労働**
者からすれば1年間の給与があがるより分散されれば所得税が低く抑えられる
のではないかという考えも出てくるので、労働者側が納得するかどうかだね。
もちろん、各月に配布されると個人的には社会保険の等級がどうなるかという
問題もあるので、そのあたりは花園社労士に確認する必要がある。

ドゥーアン　わかりました。ありがとうございます。あと、人件費の話でよく
出てくる労働分配率という話だけ聞きたいのですが。

秩父宮税理士　労働分配率の話の前に、まず、その前提となる生産性分析を考

えてみよう。**生産性分析とは、売上や利益を上げるために、どれくらいの「ヒ
ト、モノ、カネ」の投資が必要であったかを分析する指標**になる。つまり、投
資した「ヒト、モノ、カネ」といった資源が、いかに効率的に付加価値を生み
出したかを分析する指標といえる。つまり、「インプット」と「アウトプット」
の指標ともいえる。

　生産性は「労働生産性」と「設備生産性」に大きく分けることができる。今
回は、労働生産性分析である「従業員1人あたり」で使用する計算式を確認し
ておこう。**生産性分析とは、経営資源（ヒト、モノ、カネ）をいかに効率的に
使用して付加価値を生み出したか**を分析することになるが、そもそも付加価値
とはなんなのかわかる？

ドゥーアン　よく言葉として使いますが、具体的にはわからないです。

秩父宮税理士　付加価値とは、企業が生産によって生み出した価値をさす。付
加価値の計算方法には、「控除法」と「加算法」がある。それぞれ計算方法の
代表的なものには、「中小企業庁方式」や「日銀方式」があるが、それ以外に
も独自の計算式が複数存在していて、財務諸表だけではわからない金額も使用
されていることもあるので難しい。今回はこの中で代表的な「中小企業庁方式」
と「日銀方式」を確認しておこう。

中小企業庁方式	「控除式」とも呼ばれている。「付加価値＝売上高－外部購入価値」で求められる。外部購入価値には、材料費、購入部品費、運送費、外注加工費などがある。
日銀方式	「加算式」とも呼ばれている。「付加価値＝経常利益＋人件費＋貸借料＋減価償却費＋金融費用＋租税公課」で求められる。

　中小企業庁方式では、付加価値は売上高から外部購入分の価値を差し引いた
ものという考え方に対し、日銀方式では、付加価値は製造課程で積み上げられ
ていくという考え方になる。一般的には、簡便な控除式（中小企業方式）が用
いられることが多く、一般的によくいわれる粗利と一致する。

　それでは、生産性分析の主な指標をみておこう。

$$労働生産性 \ = \ \frac{会社全体の付加価値}{従業員数}$$

　労働生産性とは、従業員1人ひとりが生んだ付加価値を求める指標である。会社経営は、経営者や従業員が、魅力ある製品や商品を作りだし、またはサービスを産み出して、より高い付加価値を産み出すことに重点を置いている。それがライバル会社との優位性をあらあわすことになるからである。

　労働生産性の指標は、もちろん高ければ高いほどよく、従業員はそれだけ効率よく働いていることを表す。労働生産性を高めていくことは、従業員の給与を上げるためにも、会社の利益を上げるためにも必要不可欠なものである。上記の算式からもわかるように、労働生産性を上げるには、分子である①付加価値をあげるか、分母である②従業員を減らすか、どちらかになる。しかし、従業員を減らすることは短絡的で容易にはいかず、長い目でみて企業基盤を築くには、やはり①付加価値をいかにあげられるかにかかってくる。これは、どの業種にもいえることになる。

ドゥーアン　なるほど。やはり粗利をあげることが重要ということですね。

秩父宮税理士　そうだね。では続いて、本題の労働分配率について確認しておこう。

$$労働分配率 = 人件費 ÷ 付加価値額$$

　労働分配率は、付加価値のうち、どれだけ人件費に分配されたかを分析し、付加価値に対する人件費の割合を示すものなんだ。

　たとえば、控除法で付加価値を計算した金額が1,000万円で人件費が500万円だった場合には付加価値のうち50%を人件費として支払っていることになる。比率が低いほど効率よく利益を上げているということもできるが、低すぎるのも問題といわれている。つまり適正な数値がよい。付加価値の中でも人件費は最も大きな割合を占めるが、その人件費が付加価値の大半を占め、利益がほとんど出ていないとなると、企業経営においては問題になる。

　最近では、人件費は固定費であり削減する方向性の企業が多いが、削減だけでは従業員のモチベーションが低下してしまう恐れがある。中小企業では、

50〜60％程度が普通で、この数値が大きすぎると利益を食いつぶし、赤字に転落してしまう。ただし、サービス業などで労働集約型の業種の企業では、もう少し高い傾向にある。同業他社との比較をすることで自社の労働分配率が高いか否か判断することが重要になる。労働分配率が高い企業、すなわち、付加価値に占める人件費率の割合が高い企業には、何かしらの問題があると考える方が妥当ともいえる。

労働分配率が高い企業	給与水準が高い企業、もしくは労働集約型産業
労働分配率が低い産業	給与水準が低い企業、もしくは設備集約型企業

　つまり、**内部留保による資本蓄積が可能な範囲の中で、従業員も会社も満足できる WIN-WIN の均衡点をいかに見出すかが重要**になる。したがって、努力目標としては、労働分配率が低下傾向にあり、かつ、賃金水準が高い状態が理想的だといえる。

　ちなみに、堂安株式会社の労働分配率は単純計算だと

A　粉飾前の売上総利益金額＝8億円

B　人件費＝役員報酬＋給料手当＋法定福利費＋福利厚生費＝3億5,430万円

　労働分配率はB÷A＝44.3％になるが、会長の役員報酬のウエイトが高すぎるので、従業員に対する分配は低いであろうと安易に考えられるね。

ドゥーアン　そうでしょうね。会長の報酬や愛人の給与を本来は従業員の残業代や適正な給与にまわしたいですね。今日も勉強になりました。ありがとうございました。

秩父宮税理士　今日は、かなり話したなあ。今日の適正な分配率を計算してみると…。

ドゥーアン　報酬はまだ払えないし、0はいくら割っても0ですよ。

秩父宮税理士　0がだんだん腹立たしくなってきたから、今回はタックルでドゥーアンが気絶するまでやり続けるぞ！

ドゥーアン　先輩、冗談です。うわあ！

６．税務調査

（1）初めての税務調査　戸惑う社長

　ドゥーアンが会社の改革に乗り出して間もなく、汚腐税理士事務所の拝氏から連絡が入った。

拝　社長、**下京税務署から連絡が入りまして、税務調査に〇月〇日から３日程お伺いしたいとのこと。**ご都合はいかがでしょうか？

ドゥーアン　私、税務調査は初めてなのですが、どのように対応したらよいですか？

拝　**社長は、最初にご挨拶と会社の概要だけお話ししていただければ、**あとは私とノッ子経理部長が対応しますのでご安心ください。

ドゥーアン　そうですか。では、その日程で大丈夫です。

拝　わかりました。近々、弊所の汚腐所長と事前に会社にお伺いいたします。

ドゥーアン　よろしくお願いいたします。

　そして数日後、汚腐税理士と拝氏が会社に訪れた。タイミングよく、世界一周旅行から戻っていた会長も同席した。

震便会長　ワシが帰ってきたと思ったら、いきなり税務調査か。飛来ももっているな。まあ、そんな緊張しなくても汚腐先生がうまくやってくれるよ。

ドゥーアン　はい。でも、初めてのことで緊張します。

汚腐税理士　飛来社長は、最初のご挨拶だけして通常の仕事に戻っていただいたら大丈夫ですよ。大船に乗ったつもりで当事務所におまかせください。

ドゥーアン　よろしくお願いします。指摘されるような問題はないでしょうか？　よくいわれる何かお土産的な税金は払わないといけませんか？

震便会長 飛来、汚腐先生に全て任せておきなさい。汚腐先生は国税局の OB で顔も利くから、今回もうまくやってくれるだろう。まあ多少のお土産は必要だろうな。

汚腐税理士 もし何かあっても、前回お話した**在庫が税務上の評価より高く、その分、余分に税金を支払っているぐらいだから心配しなくていいですよ。**

ドゥーアン そういうものなのですか？ 私は本当にわからないのでよろしくお願いします。

汚腐税理士 はい、ご安心ください。こちらは我々にとっても大事なお客さんですからね。当日、私もご挨拶に寄って冒頭で税務調査の担当官にがつんといっておきますから問題ないですよ。下京税務署の署長は私が税務署員だったころの直属の後輩でよく可愛がって知った仲だし何も心配することはないよ。

震便会長 飛来、安心して任せておいたら大丈夫。百戦錬磨のワシも当日は立ち会う。

ドゥーアン 会長、立ち会うのですか？ とりあえず、私が社長なので対応しますが。

震便会長 バカもん！ お前みたいな青二才が対応したらうまくいくものもうまくいかんわ。汚腐先生と拝君とワシに任せておけ。拝君もよろしく頼むよ。

拝 はい、わかりました。いつもどおりお任せください。

　しばらく経って、ドゥーアンは秩父宮税理士に電話を入れて成り行きを説明した。本当は事務所に行ってアドバイスを受けたかったが、間が悪く、秩父宮税理士は東京に 1 週間出張中であった。**秩父宮税理士からの電話でのアドバイスは、「会長はあまり出てこない方がよい」**だった。しかし、それを直接会長にいえるはずもなく時間が過ぎていくのであった。

(2) 調査開始　頼んでもいないのに同席して自慢話ばかりする会長

　調査当日、ドゥーアンはそわそわしていた。というのも、秩父宮税理士にアドバイスされた「会長はあまり出てこない方がよい」を結局話せぬままだっ

た。午前 10 時ちょうどに**下京税務署から 2 名の調査官が訪れた**。会社側からはドゥーアン、震便会長、ノッ子経理部長、そして、汚腐税理士事務所からは汚腐税理士と担当の拝氏である。

　調査が開始される前に、汚腐税理士が挨拶をすますと、自分の経歴等の話をしだして 15 分が経過した。

汚腐税理士　では、私は所用がありますのでこれで失礼するよ。私の経歴も話したことだしよろしく頼むよ。あとは当事務所の拝が対応しますので。
調査官 A　わかりました。それでは、調査を開始いたしますが、まずは会社の概要などを社長からお聞かせいただけますか。
ドゥーアン　はい、当社は……。
震便会長　（話をしかけた瞬間に会長が割って入り）すいませんね。こいつはまだ社長になったばっかりで、まだまだ会社の概要はわかっておらず、よくわかる私から話させていただきますよ。

　震便会長はいろいろ話を続けたが、**ほとんどが自分自身の自慢話であった**。初めて自分の社長時代に売上が 30 億円に上ったことなど、聞かれていない話までどんどん続けた。

調査官 A　いろいろご苦労されたのですね。ところで会長さん、今は引退されているのですか？
震便会長　形式的に社長は息子に譲りましたが、見てくださいよ、この青二才。私が前面に出て経営もしていかないと会社がつぶれてしまいますよ。
調査官 B　では、まだ**会長が全権を握っておられる**という認識でよろしいでしょうか？
震便会長　まあ、そうだろうな。まだまだ私も老け込む年齢でもないし、**実質は私が全権を握っているようなものかな**。
調査官 B　汚腐税理士事務所さんのところもそのような認識ですか？
拝　いえいえ。私は最近、新社長としかお話しませんよ。

　さすがに拝もこの流れはまずいと思ったのか、そう切り出した瞬間、

震便会長　それは、**私がここしばらく世界一周旅行に出かけていたからだ。**拝さん、帰国したからには今後私にすべて報告してくれ。

拝　あ、はい…。では、雑談はこれくらいにして帳簿の調査に入っていただいて。

調査官A　そうですね。もうお昼ですので一旦出て午後から帳簿を拝見いたします。

震便会長　お昼は極上のお寿司を注文してあるから、隣の部屋で食べればいい。

調査官B　いえ、**お昼をいただくことは公務員法で禁じられていまして。**

震便会長　なに！　ワシがせっかく用意した寿司が食べられないというのか!!

拝　最近はうるさくなっていて、食べられないことが多いです。会長、仕方がないですよ。

震便会長　厳しいな、わかった。どこにでも好きに食べにいってくれ。ワシは、もうお宅らと話をする気がなくなったから失礼する。拝くん、午後からも頼んだよ。

拝　わかりました。お任せください。

　調査官がお昼に出た後に、震便会長は怒り気味に寿司桶二つを持ってタクシーで会社を後にした。おそらく、陰田のマンションに向かったのだろう。

（3）会長の退職金や私的な資金流用、愛人関係への様々な支払いが論点に

　税務調査初日の午後、帳簿の調査が始まった。**調査官Aが売上関係をチェックし、調査官Bが仕入関係をチェックしていた。**

　調査官Bから仕入の中で、現金仕入れ分とクレジットカード分についての領収書や明細書を翌日までに準備するように指示があって初日は終わった。

　税務調査2日目、**調査官Aは給与関係をチェック、調査官Bは準備された仕入の資料のチェックを行っていた。**

調査官A　すいません。給与が支払われている方の中で、この**陰田聖舞子さんだけがタイムカードがない**のですが。

拝　はい、その方はアドバイザー的な方で前回の調査でもご質問がありましたが、出勤簿はありません。

調査官A　では、具体的にどのようなアドバイスをされている方なのですか？

拝　経営全般から従業員の教育などを含めてアドバイスされていると聞いております。

調査官A　そうですか、わかりました。念のため、**陰田さんの源泉徴収簿3年分コピーをいただけますか？**

拝　何か問題でも？　きっちり年末調整もさせていただいておりますし、本人さんも他の所得と合わせて確定申告もされているはずですが。

調査官A　後でまとめてお話します。

調査官B　今日準備いただいた領収書やクレジットの明細を確認すると、**宝石やバック等のブランド品が多いのですが、このような商品は実際に売上があると証明できるものはありますか？**

拝　それは、催事等を実行した際に、大量に購入してくれる業者がいれば、ブランド品などをサービスでつけて手渡ししていると聞いております。

調査官B　それを業者に渡していると証明できるものがありますか？

拝　前回の調査時も同じことが指摘されて説明しましたので、いいじゃないでしょうか。

　　税務調査3日目が始まった。

調査官A　私の方は、総勘定元帳から経費を確認しますので、総勘定元帳を5年分と経費の領収書請求書を5年分ご準備お願いします。それから、昨日コピーをいただいた**陰田さんの源泉徴収簿もあと2年分お願いします。**

調査官B　私の方は昨日までに仕入を拝見しましたが、かなり疑わしい仕入がありますので追加で2年分お願いします。

拝　事前通知では3年分と伺いました。なぜ5年分も見せないといけないのでしょうか？

調査官A　昨日見せていただいた内容に大きな誤りを発見しています。これより以前にも同様の誤りがありそうだと推察できる場合、我々にはその権利があるのです。

拝　汚腐先生に電話するので少しお待ちください。

汚腐税理士　なんだ、拝くん問題でも？　ん？　追加で２年分？　わかった、現地調査終わった後に私が何とかするか好きに見せてやれ。

　拝は、いわれたとおり**会社に指示をして５年分の資料が準備された**。そして、その後調査官からたくさんの質問がドゥーアンに投げかけられた。

調査官A　陰田聖舞子さんのお住まいのマンションの家賃が支払われていますが、すごく高額ですね。ここまで厚遇されるのはなぜですか？　社長。

ドゥーアン　会長が社長時代から支払われていて、正直まだあまりわかっていません。

調査官A　CLUB JACKAL の代表が陰田さんなのですが、社長はこれをご存知でしたか？　社長は接待にご利用されていますか？　こちらで会議などされていますか？

ドゥーアン　いえ、私は一度も。会長が接待で利用していると聞いています。**会議も私が社長になってからは行っていないですし**、社員に聞いても…。

調査官B　**海外の渡航費がかなりの金額出ている**のですが、その目的は？

ドゥーアン　ベトナムに関係会社があり、その渡航費かと思います。

調査官B　ベトナムもあるのですが、それ以外は**領収書や航空券を見る**とほとんどがハワイなどのリゾート地への往復チケット代に宿泊費。しかも、予約名は「ドウアンシンビン」と「インダセブコ」の印字ばかりです。

ドゥーアン　私には何とも。去年、会社に戻ってきたばかりで全体がつかめていないのです。

拝　海外進出を目論まれていたと私は聞いていました。

調査官A　それから、**外注費に計上されている、株式会社ドウイン企画という法人**なのですが、先程調べさせた結果、**代表取締役　陰田聖舞子、取締役　堂安震便の会社だった**のですが、ご存じでしたか？

ドゥーアン　いえ、それは知りませんでした。本当ですか？

調査官B　あなた、社長でしょ。知らないで済まされますか？　**多額のお金が毎月振り込まれていますよ。しかも、この会社無申告です。**

　調査官は、2人ともあきれ顔でいた。そして、3日目の調査は、最終的に膨大な量の付箋箇所のコピーを手渡して終わった。

　後日、汚腐税理士事務所に調査結果のまとめの報告がなされて、その結果をもって汚腐税理士と拝氏が会社を訪れていた。指摘内容は以下のとおり。

（単位：千円）

	46期	47期	48期	49期	50期	計	内容
仕入	11,000	9,000	11,000	12,000	14,500	57,500	私的な仕入、売却の実績なし。
給与手当	6,000	6,000	9,000	9,000	9,000	39,000	勤務実態の無い陰田への給与
法定福利費	700	700	1,000	1,000	1,000	4,400	上記社会保険料
地代家賃	2,400	2,400	2,400	2,400	2,400	12,000	陰田のマンション家賃
水道光熱費	600	600	600	600	600	3,000	上記の水道光熱費
会議費	4,300	6,000	4,500	5,000	4,500	24,300	CLUB JACKAL への支払い 会議の証拠なし
旅費交通費	7,000	3,800	5,500	4,000	6,000	26,300	私的な海外国内への旅費交通費
外注費	9,000	11,500	10,000	11,000	12,000	53,500	実態の無い架空の外注費
役員退職金					200,000	200,000	実質的に支配、退職しているとはいえない
合計	41,000	40,000	44,000	45,000	250,000	420,000	

　ドゥーアンが危惧していた内容に、さらに追加して指摘される結果となった。

（4）会長は調査内容に納得いかず？

震便会長　ワシには意味がわからん。こんな頑張ってきて在庫を5億円以上積み上げて余分に税金を支払っているのに、あの調査官どもは何をいっているのだ。あの調査官の給与をワシが面倒をみてやっているぐらいなのに。汚腐先生、いつものように何とかなるのでしょうね。

汚腐税理士　会長、私も在庫の件は話を通してそのあたりは理解を示してくれました。

震便会長　じゃあ、指摘はされているが税金は出ないという解釈でいいのだね。

汚腐税理士　いえ会長、そうではなく認めてくれたのはこの5年間の在庫で積み上げた分だけです。合計1億2,000万円はなんとか減らすことができました。

震便会長　じゃあ、差額の分は支払えと。

汚腐税理士　私の力で1億2,000万円も減らしたのですよ。それ以上どうにもなりません。

震便会長　ワシの退職金まで否認だと！　納得いくわけがない。ワシはきっちり代表取締役を降りているじゃないか！　しかも、事前に汚腐先生にも相談したではないか。どういうことだ‼

汚腐税理士　昔はあの方法でいけたのですが、私も税理士仲間にいろいろ聞いたら判例も出ていて今は反論できないといわれまして、結局、**会長は退職の事実がないと認定されました。**

震便会長　汚腐先生、あなたにいくら支払ってきたと思っているのだ。何とかするのが先生の仕事だろう。

汚腐税理士　仕方ないですよ。とにかく、私も1億2,000万円も減額させたのですよ。これ以上どうしようもないです。

　震便会長と汚腐税理士の間で、どちらも一歩も引かず、子どもの喧嘩のような言い合いが続いた。お互いにだんだん疲れてきたのか言い合いも落ち着いてきた。そして最後に、

震便会長　飛来、ワシは代表を降りた身だ。あとは任せた。ちゃんと納税しておけ。

汚腐税理士　飛来社長、修正申告を作成して次回税額を計算してきます。拝君、修正を任せたよ。

拝　先生、承知いたしました。

汚腐税理士　そうそう、退職金分は法人税以外に所得税も出るのでその分を計算した納付書が税務署から直接届きます。

　ドゥーアンはなんて無責任な人達だと思いながら、黙ってその場にいるしかなかった

（5）多額の追徴課税

　後日、修正申告書をもって汚腐税理士事務所の拝氏が会社を訪れていた。

拝　社長、本日は修正申告書等をお持ちしました。そして、前回ご報告した内容から汚腐先生がもう一度かけあって、陰田さん関連の給与等は実質的には会長への給与だということで、経費への算入のオッケーはいただき、この分、法人税がかなり助かりました。

法人税等対応　　　　　　　　　　　　　　　　（単位：千円）

	46 期	47 期	48 期	49 期	50 期	計	内容
仕入	11,000	9,000	11,000	12,000	14,500	57,500	私的な仕入、売却の実績なし
会議費	4,300	6,000	4,500	5,000	4,500	24,300	CLUB JACKAL への支払い、会議の証拠なし
旅費交通費	7,000	3,800	5,500	4,000	6,000	26,300	私的な海外国内への旅費
外注費	9,000	11,500	10,000	11,000	12,000	53,500	実態の無い架空の外注費
役員退職金					200,000	200,000	実質的に支配、退職しているとはいえない
合計	31,300	30,300	31,000	32,000	237,000	361,600	
在庫粉飾	△ 15,000	△ 20,000	△ 15,000	△ 20,000	△ 50,000	△ 120,000	
欠損金					△ 138,500	△ 138,500	
差引	16,300	10,300	16,000	12,000	48,500	103,100	
法人税等	4,890	3,090	4,800	3,600	14,550	30,930	法人税に地方税も含む
消費税	1,300	2,240	2,160	2,320	2,560	10,580	

　以上のような結果、**法人税等は約 5 年間で 3,093 万円、消費税も経費にならない分の支払いが認められないので 1,058 万円の納付**となります。

ドゥーアン　少し減ったとはいえ 4,000 万円強ありますね、もう借入もできないので支払うことなんて無理ですよ。

拝　法人税等はこれだけですが、**会長の報酬の源泉として以下のように源泉所得税を納付しないといけないです。**

源泉所得税対応　　　　　　　　　　　　　　　　　　（単位：千円）

	46 期	47 期	48 期	49 期	50 期	計	内容
給与手当	6,000	6,000	9,000	9,000	9,000	39,000	勤務実態の無い陰田への給与
法定福利費	700	700	1,000	1,000	1,000	4,400	上記社会保険料
地代家賃	2,400	2,400	2,400	2,400	2,400	12,000	陰田のマンション家賃
水道光熱費	600	600	600	600	600	3,000	上記の水道光熱費
役員退職金					200,000	200,000	実質的に支配、退職しているとはいえない
合計対象	9,700	9,700	13,000	13,000	213,000	258,400	
源泉所得税	1,940	1,940	2,600	2,600	94,490	103,570	

ドゥーアン　え？　１億円以上になっているのですが？

拝　はい。**陰田さん関係の支払いが全て会長の給与として認定され、退職金が否認され、その分は震便会長の給与や賞与となっている**ため税額の負担が高額になるのです。

ドゥーアン　これを会社が負担しなければならないのですか？

拝　はい。**会社が源泉の徴収義務者ですので納付しなければなりませんが、**無理であれば会長にお金を戻してもらったらいかがでしょうか？

ドゥーアン　ダメもとで会長と相談しておきます。

拝　では、これで**修正申告書を提出しておきます。**それからこちらが当事務所の税務調査の立会料と修正申告書の請求書です。

ドゥーアン　こんなにミスをしておいて請求するのですか？　しかも、えっ！
500 万円⁉　無責任すぎませんか。

拝　我々も時間を使って仕事をしていますのでお願いします。あと、これに関しての**重加算税や延滞税は納付後に届くと思いますので**それも納付してくださいね。

　　ドゥーアンは、あまりのショックでしばらく口がきけなかった。

秩父宮税理士のレクチャー

（1）税務調査の手順とその内容「通常調査の手順」「マルサ調査の手順」

　ドゥーアンは、落胆のもと近所で人気の 30 分待ちのケーキ屋でケーキを購入し、秩父宮税理士事務所を訪れた。そして、**税務調査の件について説明をしてレクチャーを受けていた**。

秩父宮税理士　大変だったね。しかし、心配していた内容が全て浮き彫りになってしまった。

ドゥーアン　まさにそうなのです。今回こんな税金支払えないです。これがよくいうマルサというやつでしょうか？　僕は脱税容疑で捕まるのでしょうか？

秩父宮税理士　いやいや、今回の調査はあくまで任意調査でマルサではないよ。まずはその説明をしておくね。

❶　任意調査

　任意調査とは、税務署や国税局の調査部が通常行う調査のことをいう。**一般的に税務調査というのがこの任意調査である**といわれている。任意調査については、納税者の同意を得て実施されるのが一般的で、税理士が関与している会社にはまず税理士に連絡が入る。そして、日程調整や税目を含めて事前に説明がなされた後に会社での実地調査がはじまる。

　最近は少なくなったが、無予告調査（現況調査）といって一部の飲食業や美容業など現金商売で必要と認められる場合には、朝一番で税務署員が来るというケースもありえる。

　いずれの場合も、**準備調査といって実地調査や無申告調査に入る以前に税務署は準備し調査もしている**。提出された申告書などの中身を、独自に入手した

情報と照らし合わせて分析して、不正な点をつかんでおくのが準備調査。この段階で調査対象となる法人の問題点や重点的に調査すべき項目が判断され、実地調査がなされる。

　今回の場合、陰田さんの給与や家賃なんかは準備調査で既に不正な点だとつかんでいたのであろうし、役員退職金も準備調査のうえ実地調査時に会長が実際に退職しているかどうかを確認に来たのだろうね。任意とはいえ調査自体を断ったり、実際に調査がはじまって調査官の質問に答えなかったり、正当な理由がないのに帳簿書類の提示を拒めば罰則が科されることがある。

　また、**税務調査の結果、申告内容に誤りがあった場合には是正が求められて修正申告書を自ら提出する**という流れになる。

❷　強制調査

　強制調査とは、国税局査察部（通称マルサ）が行う調査のことで、「査察調査」ともいう。この調査は、**法律に違反している疑いのあるものを査察官が調査し、その結果に基づいて罰則の適用を求めるという犯罪の取締りを前提とした調査**になる。わかりやすくいうと、脱税の疑われる納税者に対して裁判所の令状を得て強制的に行う調査だと考えればいい。

　マルサは強制力があり、納税に関する資料を押収できる権限を有し、納税者はこの調査を拒絶できない。脱税行為が証拠上特定されれば検察庁に告発されて、その場合には刑事事件として処理されることになる。

　すべての脱税にこのマルサが動くのではなく、**概ね脱税額が１億円を超える金額の大きい事案、巧妙に悪質な仮装隠蔽工作がなされたと想定される事案に限ってこの強制調査が入る**と考えればよい。「マルサの女」という映画が昔あったが、主人公が所属していたのはこの国税局査察部で、まさしくこの強制調査のことをいう。

❸　特別調査

　特別調査は、**任意調査と強制調査の中間的な調査**といえる。大きくは任意調査の分類に入るが、申告内容に特に疑問が持たれて、その規模も割合も大きいものがこの対象とされる。この調査の場合には、**任意調査とは違って、事前の**

連絡なく突然やってくる。

　特別調査には、国税局の課税部資料調査官（りょうちょう）により行われるものと、各税務署の特別調査部門（とくちょう）により行われるもの及びこれらの合同により行われるものとがある。ミニマルサともいわれていて、調査期間も長く、調査する人も多く徹底的に調べられる特徴がある。

ドゥーアン　なるほど。では、今回は一番軽い任意調査なので脱税で有罪になったりすることはないと考えて大丈夫なのでしょうか？

秩父宮税理士　通常はそうなるね。でも、実際のところそうだとは言い切れない。

ドゥーアン　えっ、捕まるのですか？

秩父宮税理士　稀ではあるが、**任意調査の途中でも不正があまりに多く脱税額も大きい場合等、資料が集まってくればマルサが動く**場合もある。税務署と税理士事務所が既に調査の最終話合いに入っているので、任せて安心していると突然マルサが家や会社にやってきたという事例も実際には起こっている。税理士でもこのことは知らないし、まさかと思うことも多い。

ドゥーアン　じゃあ、安心して寝てられないですね。

秩父宮税理士　今回の問題では、一番大きな役員退職金についての税額については、見解の相違ということで脱税とはいえないだろうし、それを除けばマルサが動く金額とはいえないかな。でも、トータルではかなりの税額で悪質な面もあるからなんともいえないが、可能性は低いかな。

ドゥーアン　先輩がそういうなら少し安心しました。でも、もし、マルサが入るとしたらどんなケースが考えられますか？

秩父宮税理士　陰田さん絡みだろうね。会長と組んで陰田さんも所得をごまかしていたり、考えようによっては、会長が陰田さんにいろんな物を買い与えたりしていること自体は個人間の贈与として贈与税の申告がないともいえないので、これら全てが立証されてしまうとかなりの税額になる可能性が高い。

ドゥーアン　そうなのですか。結局は会長と陰田さん絡みですね。しかし、ド**ウイン株式会社というのが存在し、外注先として利用していた**のはびっくりしました。

秩父宮税理士　あれは**完全に脱税**だね。しかし、無駄な経費がなければ、堂安株式会社は凄い収益力がありそうなのに、本当に私的な流出が多い。今回3日間の税務調査だけでもこれだけ指摘されるわけだから、調べればもっとあるかもだね。

ドゥーアン　起こってしまったことは仕方ないですが、この税金が支払えるかどうか？　父親にお金返してもらわないと本当に無理ですね。陰田さんにも返してほしい。

秩父宮税理士　そのあたりも真剣に考えていこう。

(2) 調査時の心構え

ドゥーアン　今さらですが、今回の税務調査の際の対応はいかがでしたでしょうか？

秩父宮税理士　出張中に電話では伝えたことだけど、最初に会長が前面に出たのはまずかったね。

ドゥーアン　本当は、どのような心構えで接すればよかったでしょうか？

秩父宮税理士　税務調査時の心構えとして大事なことは、次の三つだと考えている。

❶　税理士事務所とともに事前準備や打合せをしておく

　これは、普段から**税理士事務所ときっちりと事前準備をしておくことが重要**。税理士事務所に依頼しているから大丈夫というのではなく、**経営者自身もその処理のリスクなどを確認しておくこと**。大きな処理の判断は、結局は会社の責任になるから徹底的に税理士事務所と打合せをして自信をもっておくこと。リスクを知ることによって脱税も防げるし自信をもって税務調査を迎えられる。

　判断に迷う大きな事象の場合には、セカンドオピニオンをつけることも検討した方がよい。今回、役員退職金について、申告書の提出前ならそのリスクの説明や要件を満たすようにもっと具体的にアドバイスできただろうね。そして、普段から密に税理士事務所と事前準備をしたうえで、**調査の直前にも税理士事**

務所に問題になりそうな点をピックアップしてもらい、その点について直前の打合せもしておくことが大事。

❷　調査当日はわからないことはわからない、と答える

　税務調査がはじまると、いろいろな質問が調査官から出てくる。経営者に限らず、まじめに処理してきた経理担当者ほど「疑われてはダメだ」という気持ちも出てしまい、無理に答えようとして調査が混乱してしまうことがある。**曖昧なことや不明瞭な場合には、中途半端に答えると後でそれが結論として揉めることもあるので、素直に「わかりません」や「調べておきます」とその場は明確な答えを避け、改めて税理士事務所とも相談して正しい答えを出す**と特に心証も悪くならない。

❸　聞かれたことだけを答える

　税務調査では、性格にもよるが緊張のあまり逆に言葉数が多くなりがち。**特に、調査初日の午前中に会社概要などを聞かれるが、このとき調査官は調査の突破口を探している。**

　また、調査官も何気ない世間話からのせることがうまいので、ついつい聞かれていないことまで延々と話してしまい調査の糸口をつかまれる。例えば、経営者の趣味はゴルフや旅行だなということから、本当に接待や仕事に使用している費用なのかどうかを確認してみたりすることができる。

ドゥーアン　今聞くと、❶〜❸全てできていませんね。事前準備はできていない、税理士事務所の担当者まで無理に答えてしまう。会長はいらないことをペラペラ話す。最悪でしたね。

秩父宮税理士　今回の場合、脱税に近いものがほとんどだから、会長にも税理士事務所にもそのあたりの認識の甘さやリスクがあったのだろう。それからよくある、「前回はこの内容で通った」というのは税務調査では通用しない。税務調査官も２、３日で判断をしなければならないので全てを網羅はできていない。つまり、**前回の調査ではたまたま他に調べることがあって論点や争点にならなかっただけ**の可能性もある。

ドゥーアン　そうですよね。僕が簡単に調べてもたくさんありました。

秩父宮税理士　おそらく、前回の調査でも陰田さん関係の支出もあったが、金額的にはそこまで大きくはなかった、もしくは、曖昧だったのか金額が目立たなかっただけなのかもしれない。**会長は前回税務調査に通ったと味をしめて使い放題できるものだと錯覚して、税理士事務所も経理担当者も黙認してしまったのが大きな原因**だろうね。

（3）税務調査結果の解説

ドゥーアン　今回の税務調査ですが、事前に通知があった際には3年分といわれていたのに、結局、5年分の資料を確認されて修正に応じているのですが、なぜでしょうか？

秩父宮税理士　事前通知で3年といわれれば、**調査対象期間は3年であって、通常はこの3年分の確認で税務調査は終わる。しかし、法律要件を満たせば、調査官はさらにその前2年分も確認できる。**その要件というのが、調査対象期間よりも前の課税期間にも同様の非違が疑われる場合。

　基本的には、**プラスの2年間は新たな誤りをみつけることはせず、本来3年間にあった誤りが同様に行われているだろうという確証のもとにその金額の確認だけが行われる。**おそらく仕入の私的流用や陰田さん絡みは継続して行っているだろうと思われたのだろうね。実際、そうであったから。

ドゥーアン　なるほど。よくわかりました。ところで、今回の指摘された経費が法人税法上、ダメだというのはなんとなく理解できているのですが、源泉所得税のことなどを含めて、完全には理解できておらず、そのあたりの解説をお願いしてもいいでしょうか。

秩父宮税理士　では、指摘された点を私なりに解説していこう。

❶　仕入

　これは、わかるよね？　実際にお金を支払って物は購入されているが、その**仕入分を売上に計上している実績はなく、内容的に個人で消費しているとみなされる。**得意先に渡しているといってもその証拠を立証もできないし、仮に渡

していたとしてもあまりにも高額過ぎて、交際費としての限度額を超えている。したがって、これは経費に算入することは許されないと判断されている。ついで、**消費税もこの分控除できない**。これも消費している人への給与だといわれることが多いが、今回はそれを指摘されなかったので源泉所得税は徴収されていない。不幸中の幸いだね。

❷ 会議費

正直、CLUB JACKAL の分は大目に見ていると思うよ。**交際費に入っている分は承認されて、会議費分だけ否認されているのは、「会議の実績はない」と調査当日に答えてしまっている**し、各領収書の金額が、通常会議費に該当する1人当たり 5,000 円以下ではないので全て交際費だと判断してくれているのだと推定できる。既に、**交際費は法人税法上の上限 800 万円を超えているのでこれも経費にならない**。これに関しても、会長から陰田さんへの現物給与だといわれても仕方がないのだが、そこまで指摘されていないし、**消費税も経費として否認されていることから控除できない**。

❸ 旅費交通費

これは、我々も認識していた**仕事とは無関係な旅費**だよね。しかも、**旅行先がリゾート地ばかりで会長と陰田さんが行ったことがバレバレで弁解のしようがない**。業務に関係ないがないのでもちろん経費に算入することもできない。国内の旅費の否認分は消費税が控除できないのでその分を修正。**実際には、これも2人への現物給与だから源泉所得税を徴収されていてもおかしくないのだがそこは大目に見てくれている**。

❹ 外注費

これは、もってのほかだね。**架空経費といってもよいだろう**。もし、**実際に取引があったというなら、本来なら株式会社ドウイン側での無申告を遡って5年分申告する必要がある**。しかし、今回はドウイン側で申告することはなく、堂安株式会社で修正することに決着したのだろう。もちろん、その分の**消費税の控除は認められないから修正が必要**。

❺　給与手当・法定福利費・地代家賃・水道光熱費

　全て陰田さんへの支払い分だね。一旦、法人税法上、会社に関係のない者への支払いということで経費として否認をしたけど、最終的に、**会長の愛人ということで実質的に会長への報酬ということになったのだろうね**。役員報酬というのは、毎月、同額で継続的に1年間支払がなくては否認される可能性があり、今回は毎月定額で支払っていたと認めてくれたから、**法人税法上経費として認めることに最終決着した**のだと思う。しかし、陰田さんへの給与ではなく、実質的には会長への給与であるから、**陰田さんへ支払った給与の源泉徴収額と会長（当時社長）へ支払ったと仮定した場合の給与の源泉徴収額との差額を支払え**といってきているわけ。全額給与としての扱いだから、水道光熱費分も消費税の控除はできない。

❻　役員退職金

秩父宮税理士　今回の最大のテーマだね。今回の問題点は「**実質的に退職したといえないこと**」「**役員退職金が未払であったこと**」になる。その前に、まずは原則的に役員退職金が損金算入（経費になる）要件は次のとおり。

【役員退職金が損金算入される要件】

> **A　役員報酬が高額ではなく適正金額であること**
>
> 　役員報酬が高額であるかの判定は、通常功績倍率法によって算出される。功績倍率法とは、役員を退職する直前に支給されていた役員報酬を基にして、役員としての在籍年数や経験の職務、功績などに応じて一定の倍率を乗ずる算出方法。会社の役員退職金規定などに乗ずる倍率が明記されていることで、損金算入が認められる。あくまで、算出方法が過大ではないことが条件になるので注意は必要。功績倍率は、社長の場合には3倍程度が目安にされている。
>
> **役員退職金＝退職時の役員報酬月額×在任期間×功績倍率**

> **B** 認められた時期に損金経理をすること
>
> 　損金経理の時期は、「退職した役員に対する退職給与の額の損金算入の時期は、株主総会の決議等により、その額が具体的に確定した日の属する事業年度とする。ただし、法人がその退職給与の額を支払った日の属する事業年度においてその支払った額につき損金経理をした場合には、これを認める。」と法人税基本通達に定められており、**金額が確定した時か実際に支払った時に損金経理をすればいずれも認められる。**

秩父宮税理士　今回の場合、おそらく、**功績倍率で金額を算定したうえで範囲内であった。**そして、実際、**退職の時期も金額も確定した事業年度で未払経理**した。だから、**大丈夫だと考えていた**のだろう。

ドゥーアン　ということは、なにも問題ないのでは？

秩父宮税理士　そうではない。もし、今回、**会長が代表取締役を退任し、かつ、取締役も退任していたら問題なかった**かもしれない。

ドゥーアン　では、具体的にどこが問題ですか？

秩父宮税理士　今回の場合、**会長は代表取締役を退任したが、取締役としては退任せずに残っている**よね？　これって会社からいえば退職したといえないよね？

ドゥーアン　いえないですね。実際、まだ在籍していて僕より給与も高いです。

秩父宮税理士　そのとおり。**実際に退職していなくても、役員退職金として損金算入が認められることもある。これを分掌変更という。**この場合、法人税法基本通達９－２－32（役員の分掌変更等の場合の退職給与）に次のように要件が定められている。

> 　法人が**役員の分掌変更又は改選による再任等に際しその役員に対し退職給与として支給した給与については、**その支給が、例えば次に掲げるような事実があったことによるものであるなど、その分掌変更等によりその役員としての地位又は職務の内容が激変し、実質的に退職したと同様の事情

にあると認められることによるものである場合には、これを退職給与として取り扱うことができる。

(1) 常勤役員が非常勤役員（常時勤務していないものであっても代表権を有する者及び代表権は有しないが実質的にその法人の経営上主要な地位を占めていると認められる者を除く。）**になったこと**

(2) 取締役が監査役（監査役でありながら実質的にその法人の経営上主要な地位を占めていると認められる者及びその法人の株主等で令第71条第1項第5号《使用人兼務役員とされない役員》に掲げる要件の全てを満たしている者を除く。）**になったこと**

(3) 分掌変更等の後におけるその役員（その分掌変更等の後においてもその法人の経営上主要な地位を占めていると認められる者を除く。）**の給与が激減（おおむね50%以上の減少）したこと**

（注）本文の「退職給与として支給した給与」には、原則として、法人が未払金等に計上した場合の当該未払金等の額は含まれない。

順次、確認していくと、

まず（1）、今回常勤役員から非常勤役員になったともいえるが、カッコ書きの中の要件で**今回のケースは実質的に経営上主要な地位を占めていると考えられるから除外される。**この場合の判定には、**主要な株主かどうか？　実権を握っているのは誰か？**　によって判断される。

次に（3）、今回役員報酬は50%以上下げてはいるが、**同じくカッコ書きの要件で同様の理由で対象外となる**よね。実は、このカッコ書きだけど昔はなかった。というわけで、**50%以上減額すればオッケーだと勘違いしている人も多い。**

最後に、（注）の部分について、「原則未払金額等の額は含まれない」となっている。つまり、今回未払なのも問題。しかし、この未払はあくまで「原則として」となっているように、一時的に資金繰りの都合上、少しだけ支払いが遅

れた場合等はどう扱うかは明確ではない。未払でも退職給与として認められた事例もある。

　会長は、株も３分の２以上持ったまま経営に口出しも多く実質的に支配している。役員報酬を下げたとはいえ、代表取締役と比較しても一番高い報酬を受けていることなどから総合的に判断して実質的に支配したままであるし退職と同様の事実なんてそもそも認められない。

　問題点となった「実質的に退職したといえないこと」「役員退職金が未払であったこと」では、前者のほうが強いと判断したのだと思われる。申告前にいったとおり、未払金計上すると否認される可能性は高いので、せめて実際に支払う予定である翌期に計上したほうがよいのではといっていたのはそこなのだよ。

ドゥーアン　なるほど、怖いですね。本当に事前の準備が大切です。でも、**なぜ法人税の経費にならなかったのに、源泉所得税を追加で徴収されるのですか？**

秩父宮税理士　役員退職金が否認されたとしても、その者に金銭が支給されているのには変わりないので、その者への役員賞与として認定されてしまう。役員賞与となれば税務署としては、法人税法上、定額の報酬ではないので経費として認めなくてよいことになり、しかも所得税法上の源泉所得税も徴収できるので一粒で二度美味しい事案なのだよ。

ドゥーアン　会社側からすればダブルパンチですね。よくわかりました。覚悟を決めるしかないですね。

秩父宮税理士　そうだね。この処理の流れだと、今さら会長は経営に口出ししていませんともいえないし、そもそも、未払計上にしてしまったこと自体でこちらはかなり弱い立場だからね。

（4）調査内容に不服がある場合の手順と方法

ドゥーアン　今回の税務調査ですが、汚腐税理士事務所から修正申告を促されて印鑑を押しましたが、他に方法はなかったのでしょうか？

秩父宮税理士　税務調査の結果、誤りがあれば税務署側から修正申告をしてほしい旨の打診がある。そして、納税者側もそれに納得して申告を行う流れが一般的であるが、絶対にしなければならないというわけではない。

ドゥーアン　修正申告書を提出しないとどうなるのですか？

秩父宮税理士　税務署側が納税者から提出された申告内容の誤りを正しいと思わる税務処理に訂正する「更正」という手続きをしてくる。

ドゥーアン　ではなぜ、更正ではなく修正申告をわざわざするのですか？

秩父宮税理士　修正申告をすると、以後、修正申告した内容に異議があっても事実上不服申立てというのができなくなる。一方、更正をされたとしても、その内容に異議があれば、不服申立てをすることは可能。いわば、修正申告書は、納税者側の自白のようなものだと考えればわかりやすいかな。税務署側が更正をする場合には、税務署として、後日納税者から異議を申し立てられても反証がきっちりできるように、丁寧な内部書類が必要になる上税務署内の承認手続きも煩雑になるため、税務署側としては修正申告をしてほしいのが本音。

　実際、税理士と交渉のうえ指摘点の一部を妥協することがあるのも、修正申告である程度のところで手をうってスピーディーにいきましょうというお互いのメリットを尊重したもの。そのため、結果として**税務調査で修正すべきと指摘された場合の多くは、納税者側から修正申告をすることで調査終了となっているのが現実なんだよ**。

ドゥーアン　そういう裏があったのですね。そんな説明がありませんでしたが、今回もし不満があれば修正申告せずに税務署側に更正させればよかったのですね？　ところで、**不服申立てとはどのようなことでしょうか**？

秩父宮税理士　更正に不服があった場合、申立てが可能で手順は次のとおり。

❶　再調査の請求

　税務署長等が行った更正などの課税処分や差押えなどの滞納処分に不服があるときは、**処分の通知を受けた日の翌日から３カ月以内にこれらの処分を行った税務署長等に対して不服を申し立てることができる**。これを「**再調査の請求**」という。

　実際には、税務署が行った更正なので、同じところに異議を唱えても結果が

同じになることが多いので実務上はあまり行われない。**再調査の請求を経ずに、直接国税不服審判所長に対して審査請求を行うこともできる**のでそちらが利用される。

❷　審査請求

　税務署長等が行った処分に不服があるときで、調査の請求を経ずに行う場合には処分の通知を受けた日の翌日から３カ月以内に、再調査の請求を経てから行う場合には再調査決定書謄本の送達を受けた日の翌日から１カ月以内に、その処分の取消しや変更を求めて国税不服審判所長に対して不服を申し立てることができる。これを「審査請求」という。

❸　訴訟

　国税不服審判所長の判断になお不服がある場合には、原則として**裁決書謄本の送達を受けた日の翌日から６カ月以内に裁判所に訴えを提起することができる**。これを「**税務訴訟**」という。

　当初の税務署長等の更正も、かなり証拠固めをしてきているので、どの請求や訴訟も勝訴率はかなり低いのが現実的だが、実際に納税者が勝訴したケースもあるので、納得いかない場合にはとことんまで戦う姿勢も大事だね。

　正直いって今回のケースは厳しいが、そのあたりは納税者の判断になるので、税理士事務所もその説明はあってほしいよね。現実的に訴訟となると、税理士事務所が目をつけられたり負担が大きくなるのではないかとおよび腰になって戦ってくれる税理士は少ないかもしれないが、税務訴訟に限ってはせっかく補佐人として法廷に立ち会える制度もあるのだからとことんやってほしいね。

ドゥーアン　そうなのですね。でも汚腐税理士は国税局の OB ですし無理っぽいですね。

秩父宮税理士　国税局の OB でも本当に税務をきっちりと理解して戦ってくれている税理士はたくさんいるよ。一概に国税局 OB の税理士がやってくれないとはいえないし、しっかり親身になってくれるかなど見極めが重要だといえるね。

(5) ペナルティの税金

ドゥーアン　しかし、3,093万円と1億357万円の納税どうしましょうか?

秩父宮税理士　いやいや、それでは済まないよ。まだいろんなペナルティの罰金がある。でなければ、みんないわれるまで納税しないでおこうと思うでしょ。

ドゥーアン　ああそうか、そりゃそうですね。今回どれくらいかかりそうですか?

秩父宮税理士　まずは、ペナルティの種類を見てみよう。

　まず、**本来支払うべき税金を「本税」という。本税とは別に、何かしらのペ**ナルティがあると判断された場合に加算されるのが「附帯税」という。つまり、税務調査等で修正申告をして税務署側から更正処分があった場合には本税とは別に附帯税が課せられる。

　そして、**附帯税は、加算税と延滞税の二つに分けられている。加算税は追加の税金が発生する事由によって種類がある**。まずはそれを確認しておこう。

❶　過少申告加算税

　売上の計上漏れなどいわゆる「意図的ではないミス」で、税金を少なく申告していた場合にかかるもの。税率は本税の10%（新たに支払う税金が、既に申告した税金額または50万円を比較して、新たに支払う税金の方が多い場合は、超えた部分の税率が15%）で本来支払うべき税金に加えてこの加算税がかかる。

　このような**過少申告加算税は、税務調査の前に自分で修正を発見して申告した場合はかからない**ことになっているので、申告後に自社で誤りを発見したら、できるだけ早く修正申告をした方が良い。

❷　無申告加算税

　無申告加算税は、申告の義務がありながら、決められた期限内に申告をしなかった場合にかかるもの。調査が行われる通知前に自ら申告をした場合には5%、通知後や調査後に申告をした場合には、金額やタイミングによって

10%〜25%の税率になる。申告はいわれてからすればいいんだといい加減なことをいう者もいるが、申告していなくても税務調査は行われ高額な加算税が徴収されるので、申告はきちんと行った方がよい。

❸　不納付加算税

　不納付加算税は、源泉徴収して納めるべき税金を期限までに納めなかった場合にかかるもの。調査が行われる前に納付した場合は5％、調査で指摘されてからの納付は10%の税率になっている。納付した期日によっては、加算税を免れることもある。

❹　重加算税

　重加算税は、税金を納める額を意図的に少なくしたり、隠ぺいしたり、仮装したりした場合にかかるものである。過少申告加算税のようなミスではなく、「意図的」という点がポイントになり、税率は35%〜40%ともっとも高額になっている。

　重加算税となると会社としての印象も悪くなり、常に調査対象としてマークされることにもなりかねないので絶対に避けたいものである。例えば、意図的に売上を除外、意図的に仕入れや経費を水増し計上、架空の給与支払いや、実在しない会社との取引の計上、棚卸の過少計上などが考えられる。

ドゥーアン　今回のケースですと、全て重加算税対象でしょうか？

秩父宮税理士　おそらく役員退職金の件は、会計上明らかで隠蔽をしているわけではないので対象にはならないだろうが、それ以外は重加算税の対象だろうね。

ドゥーアン　そうですか。さらに負担が増えるのですね。本当にどうしましょう…。

秩父宮税理士　そこはじっくりと考える時間の余裕もないと思うので、一度会長に2億円の返金を求めてみよう。返金さえしてもらえれば当面しのげるだろう。

ドゥーアン　なるほどよくわかりました。今日はタックル、何度でも受けさせていただきます！

秩父宮税理士　今日タックルはいいからとことん飲みに行こう。そうそう花園も今日は暇だといっていたから、3人で飲みに行くぞ！　何が食べたい？

ドゥーアン　先輩にお任せします。何でもお供します。

秩父宮税理士　何でもとかそういう決断力のなさがいけない。やっぱりタックルだな！

ドゥーアン　いや、そんなつもりでは。うわー!!

第2章

ヒドイ会社の労務管理

1．パワハラ

（1）身体的な攻撃

震便会長　てめー、このやろー！　ぶっ殺してやる‼

　震便会長は、会長室にあった日本刀を抜き、振り回した。会長は最近、堂安株式会社の営業成績が振るわずイラついていて、今日は**営業部長である古場津久（ふるば・つく）がターゲットになっていた**。古場部長は、本気で殺されるかもしれないと恐怖で震えあがっていた。

ドゥーアン　会長、お願いですからやめてください！
震便会長　なんだと！　貴様もこのクソ野郎の肩を持つというのか？　上等だ。貴様も一緒に斬ってやろうか⁉

　ガシャーン。震便会長は、手元にあったガラス製の灰皿を古場部長に向かって投げつけた。灰皿は古場部長の顔をかすめ、壁に当たり粉々に砕け散った。さらに今度は、会長室にある**太鼓をドンドン、ドンドンと鳴らし始めた**。今度は、鐘を手に取り、古場部長の耳元でジャンジャン、ジャンジャンと鳴らした。鐘と太鼓を狂ったようにたたき続けたかと思うと、今度は**古場部長に向かって塩をふりかけた**。

震便会長　お清めの塩だ。貴様のような奴が営業部長だと思うと胸糞悪い。貴様のような奴が堂安株式会社の百有余年の歴史に泥を塗っているんだ。祟りがくる、祟りがくる。ああ、許せん！

（2）過大な要求

震便会長　おい、古場！　貴様に課した営業成績が全く達成できてないのが許せないんだ‼　100億の売上達成が貴様のノルマだろ！　それがなんだ、1年経ってもまったく達成できてないじゃないか！　営業部長の貴様がなってないんだ。全ては貴様の責任だ。とにかく、ワシがいったとおりにやれ！　現場百遍だ！　1年間で顧客訪問、1万回やれといっただろ！　1年365日、毎日30件訪問すれば1万まわれるんだよ！

古場部長　大変申し訳ございません。全ては私の不徳の致すところです。

ドゥーアン　ムチャです。私も以前から申し上げているじゃないですか！　古場部長は、早朝から深夜まで業務を行い、休憩もとれない状況です。土日も出勤しています。とても今の人員では無理です。人員補充、どうにかできませんか？

震便会長　貴様もこの刀でぶった斬られたいのか？　いいからとにかくワシがいったとおりにやれ！

（3）精神的な攻撃

　震便会長は、今度は執拗に古場部長を責め立てはじめた。

震便会長　古場、バカかお前は？　営業部長失格だ。**まったく意欲がない、やる気がないなら会社を辞めるべきだろ？**　お前みたいなのが営業部長やってるから、倉内取締役もリストラになるんじゃ。**ほんとにいいか**

げんにしろよ、お前。おー、何考えてるんじゃ、こりゃあ！　ぶち殺そうか、お前‼

　震便会長は声を荒げ、大声で古場部長を叱責した。古場部長は顔が青ざめ、血の気が引いていた。震便会長は、ひとしきり大声で怒鳴り散らすと、今度はどすの効いた声で話し始めた。

震便会長　古場、貴様の存在が目障りだ。貴様がいるだけでみんなが迷惑している、お前のカミさんの気がしれん。お願いだからこの世から消えてくれ。貴様は会社を食い物にしてる給料泥棒。本当に貴様は営業部長失格だ。お前なんかいなくても同じだ！

　古場部長は、一言も言葉を発することができなかった。ドゥーアンも同様であった。

（4）個の侵害

震便会長　だいたいな、結婚指輪を着けることが仕事に対する集中力低下につながるんだよ。ワシの理論ではそうなってるんだよ。目障りだから、そんなチャラチャラしたものは着けるな。指輪を外せ！

　震便会長が結婚指輪を外すことを命じると、古場部長は左手の薬指にはめていた指輪を外し、ポケットにしまった。

震便会長　そうだ、思い出した。古場、貴様の勇姿はうちの会社のホームページにアップさせておいたからな。
古場部長　いったい何のことでしょう？
震便会長　この前の宴会で、貴様がノルマ達成できなかった罰ゲームでウサギの耳つけて、バニーガールのコスチューム着けたやつだよ。反省の意味も込め

て、全世界の人に恥ずかしい姿を見てもらうことにしたよ。

古場部長　……。

(5) 過小な要求

震便会長　古場、忘れたのか？　15年前のことを。ワシが貴様に命じた業務を。まあ、誰もが嫌がる業務だよ。苦痛で仕方がないように仕向けたんだがな。仕事ができないお前を辞めさせるためにやったのだが、よくもまあ辞めなかったものだな。**1日中会社の門の開閉、床磨き、ガラス拭き**、どうだった？　呉服問屋に入って、一切呉服に関われない屈辱感味わっただろう。それに比べて、営業部長として呉服を売り歩ける喜びがあるんだから、ワシからの叱責なんて屁みたいなもんだろう。

ドゥーアン　会長、そんなことをされていたんですか？

震便会長　ふん。堂安株式会社は、儲かっていたからな。**1人や2人飼い殺し**にするなんて訳ないものだった。見せしめにするにはちょうどいいからな。なあ、古場、貴様も感謝しとるだろ。

古場部長　はっ、はい……。

(6) 人間関係からの切り離し

震便会長　10年前だな。まあ、床磨きみたいな仕事させるのもなんだったから、営業させてたときだったよな。貴様がワシに意見してきたときのことだ。貴様は何やらうちの会社が法律違反してると、どこぞの役所にタレこんだときだ。調子に乗りやがって。まあ、貴様もワシに逆らったらどうなるかわかっただろ。**誰もいないうちの会社の取引先のカンボジアの工場に飛ばしてやったよ。どうだった？　日本人は誰もいなくて、しかも、なんもする仕事もない3年間は？**
　反省してるか？　今度、内部告発なぞしたらこんなんじゃ済まんからな。

ドゥーアン　会長、そ、そんなことがあったんですか…？

古場部長　ま、まあ……。

(7) パワハラの定義を理解できないボンクラ社長！

ドゥーアン　会長、お言葉ですが、これまでの会長の言動はパワハラだと思います。

　ドゥーアンは、意を決して震便会長に意見した。

震便会長　貴様、ワシに意見しようというんだな。上等だ、見上げた根性だ。ならば、**パワハラの定義をいうてみい！**

ドゥーアン　そ、それは。暴力とか荒い言葉遣いとか…。

震便会長　暴力？　なんだ？　どこが暴力なんだ？　ワシは、一切、誰にも触れておらんぞ。灰皿も当たっていない、日本刀も当たっていない、ついでに、塩もあたっていない？　どこが暴力だ。いってみい。このボンクラが‼

ドゥーアン　た、確かに…。

震便会長　警察でもなんでも呼んで来い。民事不介入だ。ワシはなーんも法律違反しとらんからな。荒い言葉遣いの定義はなんだ？　その基準はなんだ？はあ？　いうてみい。じゃあ、何か？　毎朝、お前らが朝礼でデカい声だして、「ガンバロー」みたいな叫んどるのもパワハラか？　ボクシングのセコンドがボクサーに叫んどるのはパワハラか？　叱咤激励だろ？　そんなこともわからんのか？　ボンクラ‼

ドゥーアン　…。

震便会長　また沈黙か。フン。変わらんのぉお前は。

　子どもの頃から、会長に矢継ぎ早に大きな声で叱責されると何もいえないドゥーアンは、社長になった今でも変わることはできなかった。

（8）パワハラを指導教育の一環と強弁する会長！

震便会長　ワシが古場に対して行っているのは、指導教育の一環だ。社員に対する注意、指導なんだ。お前がこれをパワハラというのなら、**パワハラと指導教育の判断の基準を明確に示してみろ**。ドゥーアン、お前はまだまだ甘い。本当にわかってない。昔から人間は厳しくやらんと育たないんだ。甘やかしてばかりで人間が育つわけがない。

ドゥーアン　今は、時代が…。

震便会長　時代だろうがなんだろうが関係ない。とりあえず、お前はワシを納得させるだけの材料も何もないんだ。いいから、黙ってろ！

ドゥーアン　……。

 花園社労士のレクチャー

　ドゥーアンは、手作りのサーターアンダギーを持って、花園社労士事務所を訪れていた。そして、堂安株式会社で起こった一連のことを花園社労士に相談していた。

花園社労士　いやあ、酷いね。パワハラのオールスターキャストだね。全くみごとに全てがパワハラに該当するね。損害賠償請求受けてもおかしくないね。そんなので古場部長我慢してるなあ。ていうか、ドゥーアンが社長として情けなさすぎだね。

ドゥーアン　まったく返す言葉もない…。会長に「パワハラの定義をいってみろ！」といわれて何もいえなかった自分も情けないし…。

花園社労士　しっかりレクチャーを受けてもらおう。

ドゥーアン　はい。わかりました。よろしくお願いします。

（1）パワハラの定義とは？

花園社労士　まず、パワハラの定義から確認しよう。2020年6月から施行されたパワハラ防止関連法では、パワハラは次の三つの要件を満たしたものと定義されている。

❖　**パワハラの定義（3要件）パワハラ防止関連法**　❖

1	優越的な関係を背景とした言動
2	業務上必要かつ相当な範囲を超える言動
3	労働者の就業環境が害される言動

　パワハラとは、「優越的な関係を背景とした言動で、業務上必要かつ相当な範囲を超えたものにより、労働者の就業環境が害されるもの」と定義されるんだよ。

ドゥーアン　うーん、よくわからないなあ。

花園社労士　まあ、法律用語だからね。定義なんで仕方ないね。

（2）優越的な関係

ドゥーアン　「優越的な関係」って？

花園社労士　「優越的な関係」とは、「言動を受ける労働者が行為者に対して抵抗または拒絶することができない**蓋然性が高い関係**」のことね。蓋然性とは可能性という意味ね。

ドゥーアン　ワンマン会長と営業部長では、会長が営業部長に対して「優越的な関係」を持っているといえるよね。

花園社労士　そのとおりだね。これは疑いようがないね。

（3）業務上必要かつ相当な範囲

ドゥーアン　「業務上必要かつ相当な範囲」って？

花園社労士　いい質問だね。この判断がいちばん難しいと一般的にいわれるよ。裁判例や厚生労働省の指針などでは、「**社会通念に照らし、言動が業務上明らかにその必要性がない、その態様が相当でない**」とされるんだよ。例えば、次のようなものね。

【業務必要かつ相当な範囲】

1	業務上明らかに必要のない言動
2	業務の目的を大きく逸脱した言動
3	業務を遂行するための手段として不適当な言動
4	当該行為の回数、行為者の数等、その態様や手段が社会通念に照らして許容される範囲を超える言動

ドゥーアン　会長の言動は、全てについて明らかに当てはまると感覚的にはわかるよ。でも、一般化した場合にはやっぱり難しいなあ。

花園社労士　まあだから、弁護士や社労士の仕事がなくならないんだけどね。要は、裁判とかしてみないとわからないってことなの。でも、それじゃあいけないから「できる限り事前に勉強しておきましょう」ってことで、厚生労働省が 2020 年に「パワハラ指針」を出すことになったんだ。「パワハラ指針」をプリントアウトしたものがあるから、帰りに持って帰ってね。

ドゥーアン　了解。

（4）労働者の就業環境が害されている

ドゥーアン　「労働者の就業環境が害されている」って？

花園社労士　「労働者が身体的、精神的に苦痛を与えられ、労働者の就業環境が不快になり、能力の発揮に重大な悪影響が生じるなど、労働者が就業するう

えで看過できない程度の支障がでている状態」だよ。

ドゥーアン　古場部長は、「精神的にまいってる」っていってたから、これも該当するね。

花園社労士　ただし、古場部長がどんなに「精神的にまいっていた」としても、これがパワハラの要件を満たしているとはいえないんだよ。判断基準は、「**平均的な労働者の感じ方**」が基準なんだ。

ドゥーアン　じゃあ、古場部長のケースはパワハラに当たらないの？

花園社労士　いや、該当するよ。このケースは、「**平均的な労働者の感じ方**」でも、十分パワハラだよ。震便会長の言動は、100人いたら99人は精神的にまいるだろうね。例外の1人は鈍感なドゥーアンかな？

ドゥーアン　いや、意外に僕も繊細なんだよ。

花園社労士　会長の言動は、どう考えてもどの観点からもこれら三つの要件をすべて満たすね。わかりやすいパワハラの事例だね。まるで、このレクチャーを想定したような言動だ。一つずつ、裁判例を使いながら該当するか説明するね。結論的に全て該当しているんだけどね。

ドゥーアン　よろしくお願いします。

(5) パワハラの6類型とは？

花園社労士　パワハラの類型は、次のように六つに類型化するんだよ。

1	身体的な攻撃	暴行・傷害
2	精神的な攻撃	脅迫・名誉棄損・侮辱・ひどい暴言
3	人間関係からの切り離し	隔離・仲間はずし・無視
4	過大な要求	業務上明らかに不要なことや遂行不可能なことの強制、仕事の妨害
5	過小な要求	業務上の合理性なく、能力や経験とかけ離れた程度の低い仕事を命じることや仕事を与えないこと
6	個の侵害	私的なことに過度に立ち入ること

　会長の言動は、みごとに裁判例に当てはまってるね。会長の言動に符合する過去の裁判例を挙げていくね。

類型	言　　動	事　件　名
身体的な攻撃	狭い部屋で日本刀を振り回す行為	最高裁決昭 39.1.8
	人の耳元で太鼓や鐘を打ち鳴らす行為	最高裁判昭 29.8.20
	人の数歩手前を狙って投石する行為	東京高裁判昭 39.1.28
	他人の頭や顔に、お清めと称して食塩を振りかける行為	福岡高判昭 46.10.11
精神的な攻撃	ばかかお前は。三曹失格だ。	海上自衛隊佐世保地方総監部（隊員自殺）事件（福岡高判平 20.8.25）
	意欲がない、やる気がないなら、会社を辞めるべき…等のメールを上司が職場の同僚十数名に送信	A保険会社上司（損害賠償）事件（東京高判平 17.4.20）
	お前みたいなものが入ってくるんで、M部長がリストラになるんや。	日本土建事件（津地判平 21.2.19）
	いいかげんにせいよ。お前。おー、何考えてるんかこりゃあ。ぶち殺そうかと声を荒げた。	ファーストリテイリング他（ユニクロ店舗Z）事件（名古屋高判平 20.1.29）
	存在が目障りだ。居るだけでみんなが迷惑している。お前のかみさんもきがしれん。お願いだから消えてくれ。お前は会社を食い物にしている。給料泥棒。	静岡労基署長（日研化学）事件（東京地判平 19.10.15）
	主任失格。お前なんかいてもいなくても同じだ。	名古屋南労基署長（中部電力）事件（名古屋高判平 19.10.30）
人間関係からの切り離し	従業員Aが内部告発したことをきっかけに、会社の東京本部から富山県内の教育研究所に異動となり、他の社員とは離れた2階個室に席を配置され、20数年以上、極めて補助的な雑務をさせていたこと、昇格させなかった。	トナミ運輸（富山地判平 17.2.23）

過大な要求	物産展業務を1人で従事し、勤務が早朝から深夜に及び休息もとれず、土日出勤もあり（残業100時間以上）、上司に人員補充を求めたが、約半年間特段の措置はとられなかった。	国際信販事件（東京地判平14.7.9）
過小な要求	結婚式場の従業員に門の開閉、草取り、ガラス拭き、床磨き等本来予定されていない業務（従前は衣装業務）への就労を命じた。	平安閣事件（最高裁判昭62.10.16）
個の侵害	結婚指輪を付けることが仕事に対する集中力低下の原因になるとの独自見解に基づき、「目ざわりだから、そんなちゃらちゃらしたものはつけるな、指輪はずせ」と命令した。	静岡労基署長（日研化学）事件（東京地判平19.10.15）
	研修会において、月間販売目標数に販売数が達しなかった美容部員（女性）達に対し、研修会開始から退社までその意に反して特定のコスチューム（バニーガール等）の着用を強要し、後日実施された別の研修会でそのコスチューム姿を含む研修会の様子を本人の了解を得ないままスライド投影した。	K化粧品販売事件（大分地判平25.2.20）

(6) 身体的な攻撃

花園社労士　身体的な攻撃の具体的な行為は、暴行・傷害があたるんだよ。

ドゥーアン　でも、会長は体に触れていないから暴力じゃない、暴行じゃないっていうんだよ。そういわれると何もいえなくて。

花園社労士　ドゥーアン、何学部だっけ？　法学概論って必須だったでしょ？　ああ、授業全部寝てたもんね。

ドゥーアン　そうそう。テストの時は、「ラグビー部です。1軍のスクラムハーフです。全国大会がんばります。単位よろしくお願いします」って書いてたもんね。

花園社労士　まあ、それは良いとして、**刑法上の「暴行」は、体に一切触れてない行為でも「暴行」となる場合がある**んだよ。例えば、「服のみを引っ張る」

といった、身体に一切触れない行為でも「人の身体に対する不法な攻撃方法の一切」に含まれ、暴行になるんだよ。裁判例で示したとおり、①日本刀を振り回す行為、②耳元で太鼓や鐘を打ち鳴らす行為、③当たらなくても石を投げつける行為、④お清めと称して塩をまく行為が「暴行」と認定されているんだよ。

ドゥーアン そうなんだあ。

花園社労士 「暴行罪」に規定する暴行とは、「他人の身体に向けた有形力の行使」と定義されるんだよ。有形力とは、物理的な力のことね。ちなみに、相手に傷害を負わせると「傷害罪」になるんだよ。暴行と傷害は、民事ではなく刑事の扱いになるんだよ。刑法208条の暴行罪だと「2年以下の懲役もしくは30万円以下の罰金または拘留もしくは科料」刑法204条の傷害罪だと「15年以下の懲役または50万円以下の罰金」なんだよ。

ドゥーアン 牢屋に入れられる可能性があるってことだね。

花園社労士 そういうことだね。普通の会社では、パワハラで身体的攻撃はあんまりないんだけど、堂安株式会社はめずらしいなあ。

(7) 精神的な攻撃

花園社労士 一般的な会社のパワハラの典型例で多いのが「精神的な攻撃」だね。そしてまた、これの判断基準が難しいんだよ。

ドゥーアン 「精神的な攻撃」ね。これは、古場部長だけじゃなくて、僕自身も会長からパワハラ受けてる感じだね。

花園社労士 そうそう。古場部長だけじゃなく、社長のドゥーアンもパワハラ受けてるね。

ドゥーアン やっぱ、そうなんだ。

花園社労士 「精神的な攻撃」は、具体的行為として「脅迫・名誉毀損・侮辱・ひどい暴言」があるんだよ。暴言を吐く行為は、脅迫罪（刑法222条）、強要罪（刑法223条）、名誉毀損罪（刑法230条）、侮辱罪（刑法231条）に該当する可能性があるね。脅迫・名誉毀損・侮辱・ひどい暴言は、「業務の遂行に必要な行為」であるとは通常想定できないから、原則として「業務の適正な範囲」を超える

ものとされているんだよ。

　音更町農業協同組合事件（釧路地帯広支判平21.2.2）では、業務量の増大に対する軽減措置もせず、「**こんなこともできない部下はいらんからな**」など「**上司が約3時間にもわたり厳しい口調で叱責し、従業員がうつ病を発症して自殺した事件**」で、**会社の安全配慮義務違反が認定**され、会社に対して1億398万円の支払いが命じられたんだ。

ドゥーアン　確かに。古場部長、このままだったらうつ病になってしまうかも…。自殺なんてされたら…。

花園社労士　そう。早く手を打たなきゃダメだよ。

(8) 人間関係からの切り離し

花園社労士　パワハラの類型の一つに「人間関係からの切り離し」もあるよ。具体的行為としては、「隔離・仲間外し・無視」だね。

　「隔離・仲間外し・無視」は、「業務の遂行に必要な行為である」とは通常想定できないから、原則として「**業務の適正な範囲**」を超えるとされるんだよ。

　国際信販事件（東京地判平14.7.9）では、「社員が会社内において受けた嫌がらせについて、社員を会社の中で孤立化させ退職さるための嫌がらせが長期にわたり繰り返し行われたこと、会社らは当初からこのような事実を知りながら特段の防止措置をとらなかったこと」などから**不法行為に基づく損害賠償責任を負う**とされたんだよ。

　松陰学園事件（東京地判平4.6.11）では、「高等学校の女性教諭に対する10年以上にわたる仕事はずし、職員室内隔離、一人部屋への隔離及び自宅研修の各措置につき、精神的苦役を科する以外の何ものでもなく、隔離による見せしめ的処遇は、名誉、信用を著しく侵害するものであった」として、高等学校に慰謝料の支払いが命じられたんだ。

　会長が古場部長をカンボジアに異動させた行為は、内部告発を理由に異動させたトナミ運輸（富山地判平17.2.23）とそっくりだね。この事件も会社は全面的に敗訴しているね。

(9) 過大な要求

花園社労士 「過大な要求」もパワハラだね。具体的行為として「**業務上明らかに不要なことや遂行不可能なことの強制、仕事の妨害**」があるんだよ。斜陽産業の呉服問屋で売上アップなんて無茶なノルマってわかるよね。

ドゥーアン そうだよね。

花園社労士 裁判では、上司が社員に対して「**業務上の適正な範囲を超える業務を強要した**」と認定された場合には、それは**不法行為**と評価され、会社に対しても使用者責任に基づく損害賠償責任が認められる可能性があるんだよ。一般的には、上司の命令が「過大な要求であった」か、あるいは「適切な業務指示であったのか」の線引きは、裁判でも相当に難しいんだよ。個別具体的な事案の諸々の事情を総合的に考慮したうえで、判断されるんだけどね。

ドゥーアン えー、そうなの？　基準はないの？

花園社労士 労働時間が裁判において「過大な要求であったか」の判定に影響度が大きいといえるね。

　国際信販事件（東京地判平 14.7.9）では、「**担当業務が多忙を極めており、本人が業務過多を申告していたにも関わらず、人員補充、他の労働者への支援の指示もせず長時間労働を余儀なくさせた**」として**使用者責任**が認定されたんだけど、この時の**残業時間が 100 時間以上**だったのよ。

　100 時間以上の残業を行ってもこなせない量の業務を課していたら、業務の適正な範囲を超える業務を供与したと認定される可能性が高いだろうね。

ドゥーアン なるほど。古場部長は余裕で 100 時間以上の残業だから、認定されるだろうね。

花園社労士 そうだね。30 億を 1 年で 100 億のノルマも「過大な要求」にあたるだろうね。

（10）過小な要求

花園社労士　「過小な要求」もパワハラなんだよ。「過小な要求」とは、「業務上の合理性なく、能力や経験とかけ離れた程度の低い仕事を命じることや仕事を与えないこと」なんだよ。

ドゥーアン　古場部長に、門の開閉、草取り、ガラス拭き、床磨きだけをやらせていた時期のことだね。

花園社労士　そう。能力不足の社員に対して、その能力に応じた適正な業務を配置される目的で程度の低い仕事を命じることは、パワハラには該当しないだけどね。だけど、門の開閉、草取り、ガラス拭き、床磨きだけやらされていたというのは、本来予定されていない業務だし、嫌がらせだったのが明白だよね。平安閣事件（最高裁判昭62.10.16）では、「**その仕事自体からはもちろん他の従業員の手前も非常な屈辱感を味わわされた、とうてい正常な人事管理権の行使とはいえない、違法に権利を侵害した不法行為に該当する、精神的苦痛を被った**」などとして、慰謝料の支払いを命じたんだよ。

ドゥーアン　そっかあ。

（11）個の侵害

花園社労士　個の侵害もパワハラなんだよ。プライバシーの侵害だね。

ドゥーアン　そーなんだあ。

花園社労士　具体的な行為として、**職務の遂行に関わりのない「私的なことに過度に立ち入ること」**が挙げられるね。社員のうつ病による自殺の原因が、課長の厳しい指導すぎる指導やパワハラ等に起因するものとされた事件があるんだよ。

　名古屋南労基署長（中部電力）事件（名古屋高判平19・.10.31）では、「結婚指輪を身に着けることが仕事に対する集中力低下の原因となるという独自の見解に基づいて、死亡の前週の複数回にわたって、結婚指輪を外すように命じ

ていた」ことなどが個の侵害、パワハラと認定されたんだ。

ドゥーアン　この事件もうつ病の自殺なんだね。

花園社労士　そうだね。「何ら合理的理由のない、単なる厳しい指導の範疇を超えた、いわゆるパワハラとも評価されるものであり、一般的に相当程度心理的負荷の強い出来事と評価すべきである」と判断されたんだ。労災も認定されたんだよ。

ドゥーアン　痛ましいね。

（12）パワハラと指導教育の境界線はどこか？

ドゥーアン　パワハラの定義と六つの類型はよくわかったよ。会長の行為もパワハラに該当するということはわかったよ。でも、会長から問われて僕が答えられなかったパワハラと指導教育の境界線ってどうなるの？

花園社労士　パワハラと指導教育の境界線は、「従業員に対する注意、指導として社会通念上許容される範囲」を超えるか否かなんだよ（三菱電機コンシューマエレクトロニクス事件－広島高松江支部判平21.5.22）。

ドゥーアン　社会通念上許容される範囲って？

花園社労士　社会通念上許容される範囲とは、社員の人格権を侵害することなく、業務の範囲内の指導・叱咤督促目的の場合をいうんだよ。たとえ繰り返しの指導であったとしても、業務上の必要がある場合であればパワハラに該当しないんだよ。

ドゥーアン　うーん。

花園社労士　試用期間中に単純ミスを繰り返し直さない社員に対して指導し、時には激しい物言いをしたところ、社員が精神疾患による体調不良を理由に休職し、パワハラであると訴えた裁判例（医療法人財団健和会事件－東京地判平21.10.15）では、パワハラに該当しないと判断されたんだよ。

ドゥーアン　うーん？

花園社労士　この事件では、事務処理上のミスや不手際は、いずれも正確性を要請される医療機関においては見過ごせないものであり、これに対する看護師・

保健師によるその都度の注意・指導は、必要かつ的確、時には厳しい指摘・指導や物言いをしたことが窺われるが、業務上の指示の範囲内にとどまるものであり、到底違法ということはできないと判示されたんだ。

ドゥーアン　人格を否定しない、業務の範囲内ならいいってことかな？

花園社労士　そうそう、そこがポイント。わかってきたじゃない。

ドゥーアン　ちょっとね。怖くて指導教育できなくてもいけないから、パワハラに該当しない例ってなんかあるの？　まとめとか。

花園社労士　2020年6月にパワハラ防止関連法が施行されたから、パワハラの6類型に合わせて、パワハラに該当しない事例を取り上げているから、見てみよう。

【指針でパワハラに該当しないとした事例】

1	暴行・傷害	誤ってぶつかる
2	精神的な攻撃	マナーを欠いた言動や行動を何度注意しても改善しない場合に強く注意
3	人間関係からの切り離し	新規採用者の育成で短期集中研修など個室で実施
4	過大な要求	育成のため少し高いレベルの業務を任せる
5	過小な要求	労働者の能力に応じ、業務内容や量を軽減
6	個の侵害	労働者への配慮を目的に家族の状況などを聞き取り

ドゥーアン　まあまあ、わかってきた気がする。

花園社労士　そうそう。その調子ね。会長に対してもいうべきことはしっかりいわなければいけないね。「**脅迫・名誉毀損・侮辱・ひどい暴言**」などの手法を用いなければ部下を管理できないというのであれば、会長にはお引き取り願うように具申することだね。暴行行為とか、ひどい暴言を吐く行為に対しては、暴言を吐く行為は刑法に定められた犯罪行為に該当する可能性があることを認識させる必要があるね。「**業務の適正な範囲**」内の指導を行うようにきちんと

会長にもいうべきだよ。

ドゥーアン　うん、がんばる。

花園社労士　手作りのサーターアンダギーは美味しかったけど報酬がまだだよ。

ドゥーアン　いやあ、タックルされても、またっ来る（タックル）よ！

花園社労士　ダジャレかよ？

2．セクハラ

（1）女性社員を愛人の CLUB で働かせる会長（対価型セクハラ）

　この日の朝は、会長がテレビでセクハラの特集を見たらしく、最近のセクハラの風潮についてドゥーアンに独自理論を展開していた。

震便会長　飛来、最近はバカがセクハラセクハラと騒いでおるが、触らなければセクハラじゃないからな。な、そうだろ。
ドゥーアン　いや、はあ…。

　また、いつものようにドゥーアンは会長の迫力に押されて何もいえずにフリーズしていた。ドゥーアンの周りの社員は、そんな時はいつもみんな下を向き、会長と顔を合わせないようにしていた。火の粉が降ってこないようにである。

陰田　ごきげんよう。

　今日もまた、会長の愛人の陰田聖舞子が会社にやってきた。社員ではないのに形式的に社員になっている陰田は、悠然と社内を闊歩し、会長室に消えていった。

陰田　会長、ちょっとお願いがありますの。
震便会長　何かな？　何でもいってごらん。君の望みは何でもかなえてあげるよ。
陰田　会長の会社に、千田綾（せんた・あや）って社員がいらっしゃるでしょ？　彼女をうちの店にちょっと貸していただきたいの。何なら、移籍してもらっ

ても構わないですのよ。

震便会長　千田綾を CLUB JACKAL にレンタル移籍か。これまたどうして？

陰田　ほら、会長の会社の大事なお取引のお客様に福岡様がいらっしゃるでしょ。**株式会社 WAFUKU NET（わふくねっと）の社長の福岡一郎（ふくおか・いちろう）様ですよ。**あのお方が、千田綾さんをお気に召されていらっしゃるの。会長、お気づきじゃないんですか？　千田さんってすごくお綺麗でいらっしゃるでしょ？　ほら、**女優の可愛美子（かわい・よしこ）に似ていらっしゃ**るでしょ？

震便会長　ほお。ワシは君しか見えておらんで、千田君がそんなに美人で人気があるとは気が付かなかった。よっしゃ、よっしゃ。君のいうとおりしよう。WAFUKU NET は大事なお客様だしな。それにしても福岡も好きよのう。こうなったら、千田君には一肌も二肌も脱いでもらおう。なんなら全部脱いでもらってもいいけどな。

陰田　まあ、会長ったら。

　会長は、陰田とともに千田が所属するデザイン部に向かった。

震便会長　千田くん、CLUB JACKAL、わかるな。うちの会社が接待するとき使う店だ。聖舞子がママをやっとる。君、今日からそこで働いてくれ。

千田　えっ？　CLUB JACKAL ？　会長、お言葉ですが、会長がおっしゃってるお言葉の意味がわからないのですが？

震便会長　お言葉の意味も何も、そのままじゃよ。今日から CLUB JACKAL で働いてくれといってるのじゃよ。

千田　私、テキスタイルデザインのためにこの入社したんです。

震便会長　だからじゃよ。WAFUKU NET 社長の福岡一郎、知ってるだろ。彼が君をみそめたんじゃよ。だから、君が接待するんじゃよ。

千田　だからといって…。

震便会長　君、君は君のデザインを世に出したいんだろ。君の企画を通すかどうか、ワシの胸先三寸だというのは知っとるだろ。君も主任デザイナーになりたいんじゃないのか？　いつまでも一兵卒でいいのか？　まあ、断ってもいい

が、うちの会社にいても一生冷や飯だからな。わかってるだろ。それどころか、デザイナーとしての人生は終わりだろうな。ワシが君を業界で生きていけないようにすることができるのはわかっているだろ？

千田　で、でも、だからといって…。

　千田は、一流デザイナーになるべく、入社以来、一心不乱にデザインに取り組んできた。千田の能力は社内の誰もが認めていた。しかし、彼女の斬新なデザインは、保守的な会長には一切受け入れることはなかった。どんなにデザイン部の幹部が会長に具申しようとも会長は一切聞き入れることはなかった。千田は、もうデザインの仕事はあきらめるべきなのかと悩んでいる時期であった。

震便会長　WAFUKU NET の福岡社長に取り入ることができたら、主任デザイナーの地位も約束しよう。君のデザインも世に出してやる。昼間の仕事はちゃちゃっとやってくれたらいいんだ。午後から出勤しても、休んでもいいぞ。給料は保証する。それから、CLUB JACKAL で働いた分の給料はそのままもらってくれ。ま、ママの聖舞子のスカウトだから時給も弾んでくれるだろう。

千田　わ、わかりました。

　千田は、震便会長のオファーを受けざるを得なかった。それ以外に方法があると思えなかった。千田は、高校を出て服飾デザインの専門学校を卒業し、デザインの仕事一筋であったので当然ながら夜の仕事をしたことなどなかった。それでも千田には、震便会長の命令を聞かざるを得なかった。提案ではなく命令であった。選択の余地などなかった。

ドゥーアン　千田さん、だ、だめですよ！

　震便会長と陰田が珍しくデザイン部に向かったため、気にしてデザイン部に向かったドゥーアンは会話を聞き、横やりを入れた。

震便会長　飛来、貴様、何をぬかす！　本人がいいっていってるんじゃ。

ドゥーアン　千田さん、何いってるんですか、いいわけないですよね。そんなことする必要ありませんよ。

千田　いいんです…。

ドゥーアン　えっ、そ、そんな…。

震便会長　本人がいいといっとるのじゃ。貴様はひっこんどれ！

陰田　飛来様、わたくしが悪いようにはいたしませんので。千田さん、善は急げと申します。本日 19 時に CLUB JACKAL でお待ちしておりますので。何も心配することはございません。わたくしが貴女様の魅力を存分に引き出して御覧に入れますわ。心も身体も開放してありのままの貴女様をお見せになってくださいませ。貴女様が今までお気づきにならなかったご自分をわたくしが開放して差し上げますのよ。

　会長の恫喝と陰田の慇懃で淫靡な言葉に千田もドゥーアンも身動きが取れなくなった。そして、千田はその日、CLUB JACKAL にいた。

福岡　綾ちゃん、いや、このお店じゃ美子ちゃんだっけ？
　いいねえ。ほんと、女優の可愛美子そっくりだよねえ。一緒に世界旅行行っちゃおうよ。オリンピックも見にいこうね。

陰田　福岡様ったら。美子ちゃん、今日が初めてですから。お手柔らかにお願いしますわよ。美子ちゃんは夜のお仕事も初めてなんですから。

福岡　初めていいねえ。僕ねえ、初めてって大好きだからね。

陰田　まあ、福岡様ったら。
　熟れた果実も美味しゅうございますのよ。ご賞味いたされますか？

福岡　わかった、わかった。でもそんなことしたら、震便会長にコンクリート

詰めにして大阪湾に沈められるからなあ。そんなことより、美子ちゃん、今日アフター行こうよ。飛行機の出発準備はもうできてるからさ。ほら、ね？

陰田　福岡様、いけませんのよ。美子ちゃんは、明日もお昼のお仕事があるんですから。ねえ、美子ちゃん。

千田　は、はい。

福岡　堂安株式会社？　沈みかけの船でしょ。うちの会社の取引なくなったら終わりなんじゃないの？　もう、いいじゃん。僕が一生めんどうみちゃうから。だって僕の資産、堂安株式会社の年商の100倍はあるからね。

千田　いえ、その…。

福岡　いえその、じゃなくって、ふくおかいちろうね、僕。いっちゃんって呼んでね。

陰田　福岡様、お気が早くていらっしゃる。お早いのはお嫌われになりますのよ。

福岡　僕、そんな早くないよ。仕事は早いけどね。じゃあ、ショートカットで綾ちゃん、いや、美子ちゃんをナンバーワンにすればいいんでしょ。ドンペリとアルマンドのブラックね。10本ずつ。あー、あと、リシャールとルイ13世も10本ずつね。

陰田　ありがとうございます。

福岡　美子ちゃん、じゃんじゃん飲んじゃって。

千田　そ、そんな…。

（2）セクハラで会社の責任を問われる社長

　それから1カ月、千田は、週に2、3日程度、10日間CLUB JACKALに出勤した。そのすべての出勤日には福岡も来店していた。千田は主任デザイナーに昇格していた。現在、千田が過去に提案して却下された企画もすべてが採用されることになった。

　1カ月経ったある日、千田はドゥーアンに相談していた。

千田　やっぱり、おかしいと思うんです。こんなやり方で主任デザイナーになるなんて。それから、やっぱり夜の仕事なんて私には無理です。陰田ママがあしらってくれてますけど、**福岡社長のセクハラにはもう耐えられません。下ネタばかりですし、触ってくるし、誘いもしつこくて…。業務命令でクラブで働かせられるってやっぱりおかしくありませんか？**

ドゥーアン　そうだよね。僕がきっちり会長に物申すよ。

千田　社長は、いつもそうおっしゃいますが、一度だって会長の暴挙を止めたことがないじゃないですか。私の企画だって一緒です。デザイン部長をはじめとして会社のみんなが認めてくれてたのに、会長の「今までにない」って一言でいつもボツだったじゃないですか。社長が一回でも私の企画を通してくれたことがありますか。それに、常軌を逸した今回の業務命令です。これがセクハラ以外の何物だっていうんですか？　**昇格や企画の採用を条件に不本意な性的な嫌がらせを受けるのなんてもう嫌です。引き受けた私が悪かったかもしれませんが、もう我慢の限界です。社長にだって責任があるんじゃないですか？会社の責任ですよね。私は会長の奴隷ではありません。**

　ちょうどそこへ会長が通りかかった。

震便会長　ワシがどうかしたか？

（3）社内で愛人と性的言動を繰り返す会長（環境型セクハラ）

　震便会長が陰田を伴って現れた。胸元と背中が大きくあいたドレス。スカートには大きなスリットが入っている。とにかく露出が多い。会長はいつも人目をはばからず陰田の腰に手を回す。時には臀部に手を回しいじっている。いつもの光景だ。社員のだれもが不快に思いながらも目をそらし、見ないふりをしている。会長と陰田の夜の生活の話を聞かされるのもいつものことだ。

震便会長　今月、CLUB JACKAL はビキニナイトがあるらしいんじゃ。千田君だけじゃなく、他の女子社員の諸君も参加したまえ。夜の給料もでるぞ。うちは、副業オッケーということじゃな。最先端の会社じゃのお。

　千田君もいい仕事をしているようだね。昼の仕事じゃなくて夜の仕事のことじゃよ。福岡君を上手く転がしてるみたいだね。先月は、聖舞子の店も過去最大の売り上げだったらしい。どんな手段を使ってもいいから福岡に気に入られてくれ。昼の仕事は、ワシの力で千田君ゴリ推しだから心配しないでくれ。**場合によっちゃあ、主任デザイナーどころか、役員にしてもいいくらいだな。持つべきものは女の武器だな。**わっはっは。

ドゥーアン　会長、千田さんを CLUB JACKAL に出勤させるのはやめてください。

震便会長　なに〜、このたわけが！　女の武器を持つ小娘をワシと陰田が引き上げてやっているんだ。だいたい、この小娘が物好きの福岡に気に入られてなかったら何が残るというんじゃ。何にもないじゃろ？　女の武器を使ってのし上がる以外に何があるっていうじゃ？　福岡に女の最終兵器を使えば、小娘だけじゃなく、福岡がうちの会社も一生面倒見てくれるさ。

千田　会長、私、もうがまんができません。お願いですから CLUB JACKAL には行かせないでください。

震便会長　なんだと。**ワシの命令が聞けないというのか？**　そんなことが許されると思ってるのか？　この会社でワシに逆らって生きていけるわけないだろ？　福岡に気に入られている女の武器しかないお前なんかワシの会社に必要ない。**嫌なら、今すぐここから出ていけ！**

　千田は、会長の言葉を聞くと泣きながら会社を出て行った。

震便会長　ふん、最近の若い娘は辛抱が足らん。すぐに泣きおって。ワシに逆らって会社を出ていくとはまったく恩知らず、礼儀知らずにもほどがある。汚腐先生から「クビだっていうな」っていわれてるけど、ほんとにワシのほうからクビにしたいくらいじゃ。

　そういうと震便会長は不機嫌にその場を後にした。ドゥーアンは、慌てふた
めくばかりであった。

 花園社労士のレクチャー

　ドゥーアンは、八ツ橋を持って、花園社労士事務所を訪れていた。そして、
堂安株式会社で起こった一連のことを花園社労士に相談していた。

花園社労士　これはまずいね。**どう考えてもセクハラだし、というか、強制労**
働でしょ。脅迫にも該当するかもね。というか、会長、クビにしているじゃな
い。これ、千田さんが不当解雇やセクハラで訴えてきたらどう考えても負けちゃ
うよ。どう考えてもセクハラだし、おかしなことだって素人にもわかるでしょ。
ドゥーアンもきちんと会長に意見しないとだめだよ。またフリーズしていたの
かな？　代表取締役社長なんだから。しっかりしないと。

ドゥーアン　情けない。でも、いつも会長の圧力に負けちゃうんだ。覚悟が足
りないっていわれればそのとおりなんだけど…。理論武装も足りないみたいな
んだ。会長は、顧問税理士の汚腐先生から知恵をつけてもらってるし…。

花園社労士　ドゥーアン、**法律って誰の味方か知ってる**？

ドゥーアン　えっ？　えーと、正義の味方じゃないの？　それか、弱い者の味
方？

花園社労士　残念。そうであってほしいんだけど。残念ながら正解は、「**法律**
は知ってる人の味方」なんだ。法律を知っている人は、自分の都合のいい時に
は法律を持ち出して、都合が悪ければ知らないふりをする。それでも、法律を
知らない人はそれに対抗できない。法律を知っている人は、自分に都合のいい
解釈を持ち出す。法律の条文は一つでも、その条文を使った裁判例はたくさん
あるんだ。場合によっては、まったく反対の結論が出た裁判例だってあるんだ。
法律に詳しい人は、自分に都合のいい裁判例を持ち出すのさ。本当は逆の結論
が出た裁判例だってあり得るのに、法律を知らなければ裁判例を持ち出される

だけでひるんでしまうだよ。

ドゥーアン　だから、法律を知らなければいけないんだね。うん。よくわかった。セクハラについて詳しく教えて。

（1）対価型セクハラの定義と要件

花園社労士　まずは、対価型セクハラの定義と要件を確認しよう。

ドゥーアン　たいかがた？

花園社労士　そう。セクハラには、大きく分けて二つのタイプがあるんだよ。対価型セクハラと環境型セクハラなんだ。

ドゥーアン　対価型ってことは、何らかの見返りってこと？

花園社労士　そう。わかってるじゃない。厚生労働省が定める対価型セクハラの定義は次のとおりなんだ。この定義を僕が四つの要件に分解するから、これをもとに、会長の行為が対価型セクハラに該当するか一つひとつ見ていこう。四つすべてに該当するなら、対価型セクハラに該当するということだよ。これが法律家の考え方なんだ。それぞれの要件に該当するか具体的な事実をもとに、まずは、ドゥーアン自身で考えてみよう。ここで重要なことは、事実に基づいて判断することなんだ。「かわいそうだから」とか「何となくそう思う」じゃダメだからね。

　そういうと、花園社労士は、ホワイトボードに要件を書き出していった。

【対価型セクハラの要件と判定表】

番号	要　　件	具体的な事実	該当・非該当
①	職場において		YES・NO
②	労働者の意に反する		YES・NO
③	性的な言動が行われ		YES・NO
④	それを拒否するなどの対応により、解雇、降格、減給などの不利益を受けた		YES・NO

ドゥーアン　①と②は明らかに該当するね。会長が命令したのは会社内だし、千田さんは嫌がっていたからね。「CLUB で働かせる」っていうことが性的な言動に該当するかなあ？　でも該当するよね。ここが一つのキモみたいだしね。

花園社労士　①はそのとおりだね。会社内での発言だから該当するのは当然だね。会長と千田さんは、使用従属関係という上司と部下の関係にあるから、場所的に会社の中じゃなくても、これは、①に該当するといえるよ。例えば、大阪セクハラ（S運送会社）事件（大阪地判平10.12.21）は、会社の飲み会後のカラオケボックスで上司が部下を押し倒した事件で、**「職務上上位にあるという地位を利用して、業務に関連して行われた違法な行為」**と認定され、会社と本人の連帯責任が認められているんだよ。

　ドゥーアンは、大きくうなずいた。

花園社労士　②について、会長が「だって、千田さんは、自ら『CLUB JACKAL で働きます』と働くことに同意したじゃないか？　しぶしぶだろうが、なんだろうが、同意したんだから『本人の意に反する』じゃないじゃないか？」あるいは、少なくとも会長自身「『本人の意に反する』とは認識していなかった。『本人の意に反する』と知っていたなら、そんな言動はしなかった」と主張したら、どうする？

ドゥーアン　えーと、それは…。

花園社労士　いじわるして申し訳ないね。こうして、相手が反論してくるであろうことを事前につぶしておくことが理論武装で重要なことの一つなんだよ。

ドゥーアン　わかった。どんどんいじめて。

花園社労士　L館事件（最高裁平27.2.26）では、加害者は、**「女性から明確は拒否の姿勢を示されておらず、同人から許されていると誤認していた」**と主張したんだ。でも、最高裁は、**「仮に上記のような事情があったとしても（中略）有利にしんしゃくすることは相当ではない」**と判示し、セクハラを認定したんだよ。

　加古川市事件（最高裁平 30.11.6）は、「**女性店員に店舗でセクハラをして**
それが認定された」事件なんだ。セクハラの概要は、制服を着た公務員が、コ
ンビニの店舗で顔見知りの女性従業員の手を握って店内を歩行し、さらに、飲
み物を買い与えようとした際に、右手で女性の左手首をつかんで引き寄せ、そ
の指先をズボンの上から自らの股間に触れさせたんだ。この男は、以前から、
たびたび、ここで働く従業員に不適切な言動を繰り返していたんだ。

　この事件の股間への身体的接触に女性が「**しぶしぶながらも同意していたこ**
と」について高裁と最高裁の意見が分かれたんだ。当然ながら、最高裁の判決
が優先されるね。最高裁は、次のように判示しているんだ。「**原審（高裁判決）**
は、身体的接触について渋々ながらも同意していたことを考慮しているが、…
身体的接触に抵抗を示さなかったとしても、それは、客との間のトラブルを避
けるためのものであったとみる余地があり、身体的接触があったとしても、X
（加害者）に有利に評価することは相当でない」としているんだ。

ドゥーアン　なるほどね。被害者保護がますます強くなっているということで
いいのかな？

花園社労士　ドゥーアン、そのとおり。加古川市事件は、**公務員の性的非行に**
対する懲戒処分について最高裁が初めて判断した事例なんだ。L 館事件と同様、
被害者の視点に立った事実評価の必要性を強調しているね。

花園社労士　③について考えてみよう。

ドゥーアン　「CLUB JACKAL で働け」と命令したことが「性的言動」にあたる
かどうかだね。感覚的にはあたると思うんだけど、どうなんだろう？

花園社労士　そうだね。一般国民の普通と裁判所の普通では違うことがあるか
らね。あくまで裁判例をもとに考えていくことが大事だね。最近では、一般国
民と裁判所の普通を合わせるために日本でも裁判員裁判が導入されたよね。

　じゃあ、裁判例でみてみよう。JA さが事件（福岡高判令元 .6.19）では、「**佐**
賀県農業協同組合の女性職員が生産者対象の女性コンパニオンの性的接待が
前提となっている懇親会に、業務として同席を余儀なくされたとしてセクハ
ラが認定」されたんだ。高裁は、「**懇親会への出席を業務の一環と認め、著し**
い精神的苦痛を受けた」として損害賠償の支払いを命じているんだよ。「CLUB
JACKAL で働け」と命令したことは業務命令に該当するし、千田さんも著しい

精神的苦痛を受けたと認められるだろうね。

ドゥーアン　「CLUB JACKAL で働け」ってのは、そんなもんかなあ？

花園社労士　ドゥーアン、そうだよ。そのとおり。クラブのホステスとして勤務させるっていうのは、いやらしい懇親会に出席させるとか、色仕掛けの接待を命令させるレベルを超えているよね。

ドゥーアン　だよねえ。次元が違うよね。

花園社労士　労働基準法の強制労働の禁止の規定に抵触するね。**労基法 5 条では、「使用者は、暴行、脅迫、監禁その他精神又は身体の自由を不当に拘束する手段によって、労働者の意思に反して労働を強制してはならない」と規定しているんだ。労基法 5 条違反は、10 年以下の懲役または 300 万円以下の罰金**とされ、労基法で一番厳しい罰則があるんだ。

ドゥーアン　千田さんも「会長の奴隷なんて嫌だ」といってたからなあ。まさに奴隷だね…。

花園社労士　日本国憲法 18 条の奴隷的拘束と意に反する苦役の禁止を受けた条文なんだ。

ドゥーアン　なるほど。外国人女性をホステスとして強制労働させたとして首謀者が逮捕されたってニュースがあったなあ。そのときに、確か、入国管理法違反と、そうか、労働基準法違反なんだ。

花園社労士　そう。外国人の場合は、日本での就労ビザがないのに働かせた罪も課されているね。パスポートを取り上げるとか、借金を背負わせるとかして、無理やり働かせてたんだね。これが強制労働だね。

ドゥーアン　今度は、今回の事案の事実と条文を当てはめていくんだね。

花園社労士　そう。今回の事案は、脅迫と精神的な自由を不当に拘束する手段に該当する可能性が十分にあるね。

ドゥーアン　なんか、ちょっとトーンダウンしたね。

花園社労士　するどいね。ここは、ちょっと解釈が分かれるところだろうね。会長は、千田さんには断ることもできたと主張するだろうからね。

ドゥーアン　会長の命令に逆らうことなんてできるわけないよ。会長の命令に少しでも逆らったらクビって皆わかってるから、脅迫そのものだよ。どんなに嫌なことでも嫌っていえないからね。千田さんは、それまで会長のせいで自分

のデザインの企画が一度も採用されたことがないことを嘆いていたんだ。主任デザイナーはさておき、自分のデザインで会社や社会に貢献したい気持ちが人一倍強かったんだ。だから、どうしても会長に嫌われる訳にはいかなかったんだ。一種の洗脳かもしれない。これは、精神的な自由を不当に拘束する手段に該当するはずだよ。

花園社労士　ドゥーアン、熱いねえ。そう、そのとおりだと思うよ。同じ行為であっても、法律違反かどうか解釈により分かれることがあるけど、僕らはこの解釈を採用しよう。最終的に白黒つけるのは裁判所なんだ。

ドゥーアン　会長をどうにか止めないと、これから大変になっていくね…。

花園社労士　まあ、そうだね。では、最後に④について検討してみよう。で、千田さんは、結局あれから会社に来ていないの？

ドゥーアン　そうなんだ。会社を飛び出して以来、出勤していないし、電話しても電話に出てくれないんだ。

花園社労士　それは心配だね。家には行ったの？

ドゥーアン　いや、行ってない。

花園社労士　そこが本気じゃないっていうんだよ。本当に心配ならば、家まで行かなきゃダメだよ。僕の経験では、中小企業の場合、優良企業であればあるほど、こんな時は社長が自ら家に出向いたりしてるよ。

ドゥーアン　わかった。行ってみるよ。

花園社労士　④「性的な言動を拒否するなどの対応により、解雇、降格、減給などの不利益を受けた」に該当するかな？　ドゥーアン、どう思う？

ドゥーアン　あれ、該当しないのかなあ…。うーん、該当するはずなんだろうけど、そのまま読むと該当しないんだよなあ。会長は千田さんを解雇っていってないし、降格、減給もしてないし…。きっと会長は、汚腐税理士から法律を逃れるテクニックを教えられてるんだろうなあ。

花園社労士　そういうのを浅知恵っていうんだよ。税理士は労働法の専門家じゃないからね。

ドゥーアン　だよねえ。早く教えてよ。

花園社労士　N銀行京都支店事件（京都地判平 10.3.22）が参考になるね。この事件では、「支店長が部下の女性をホテルの会員制クラブに呼び出し、手を

強く握り、頬にキスし、さらにのしかかるようにしてキスをし、胸を触り、下着の下から手を入れ、ブラジャーの下から手を差し入れて胸を触った」事件なんだ。その後いろいろあって、被害者は退職をしたんだ。銀行は、支店長の行為と退職に因果関係はないと主張したが、裁判所は、これを退け、**「支店長のセクハラ行為の結果、銀行を退職するのやむなきに追い込まれた」**と判示しているんだ。

ドゥーアン 解雇しなくても、退職せざるを得ない状態に追い込んだということだね。

花園社労士 そういうことだね。さらにこの裁判例では、支店長のセクハラ行為を**「京都支店での最高の地位にあることを背景にし、一従業員である原告にとってはその理不尽な要求に容易に抗(あらが)い難い状況の中で行われた卑劣なもの」**と断じているよ。この裁判では、N銀行総裁名の謝罪文の交付と明示により被害者の名誉を回復することも命じているんだよ。

ドゥーアン N銀行京都支店って、あのN銀行だよね?

花園社労士 そう。N銀行だよ。銀行でトップが総裁って呼ばれる銀行はあの銀行しかないよね。

ドゥーアン なるほどね。

花園社労士 じゃあ、まとめるね。

【対価型セクハラに該当する会長の性的な言動】

番号	要件	会長の性的な言動
1	職場において	職場内で
2	労働者の意に反する	しぶしぶしたがった
3	性的な言動が行われ	「CLUB JACKAL で働け」と命令した
4	それを拒否するなどの対応により、解雇、降格、減給などの不利益を受けた	解雇しなくても、退職せざるを得ない状態に追い込んだ

(2) 環境型セクハラの定義と要件

花園社労士　環境型セクハラの定義と要件を見てみよう。前回と同じように考えてみよう。

　花園社労士は、ホワイトボードに新しいチャートを書いた。

【環境型セクハラの要件と判定表】

番号	要　　件	具体的な事実	該当・非該当
①	職場において		YES・NO
②	労働者の意に反する		YES・NO
③	性的な言動が行われることで		YES・NO
④	職場の環境が不快なものとなったため労働者の能力の発揮に悪影響が生じること		YES・NO

ドゥーアン　①と②は、対価型で検討したとおりで明らかだね。
花園社労士　そう。そのとおり。
ドゥーアン　③は、「性的な言動」の事実を列挙すればいいんだね。
花園社労士　そう。じゃあ、ホワイトボードに番号を振って、事実を列挙していこうか。

【環境型セクハラに該当する会長の性的な言動】

番号	会長の性的な言動
1	露出の多い格好をした愛人を社内に連れ込み、従業員の面前で腰に手を回す、臀部を弄る。
2	愛人との夜の生活の話を従業員に聞かせる。
3	「CLUB JACKAL はビキニナイトがあるらしいんじゃ。千田君だけじゃなく、他の女子社員の諸君も参加したまえ。…わっはっは」

花園社労士　ドゥーアンには申し訳ないが、醜いね。どれもセクハラに該当するね。

ドゥーアン　やっぱり、そうだよね。でも、会長は、「**触らなければセクハラじゃないだろ**」と強弁するんだ…。言い返せなくって…。

花園社労士　さっき話したＬ館事件では、「**言葉だけによるセクハラを認定した**」判例でもあるんだよ。触らなくてもセクハラになるんだよ。参考までに、具体的な言動を挙げるね。

　そういうと、花園社労士は、ホワイトボードにＬ館事件のセクハラと認定された言動を書いていった。

【Ｌ館事件（最判平 27.2.26）でセクハラと認定された言動】

番号	セクハラと認定された言動
1	不貞行為相手とその夫との性生活の話をした。
2	「俺のん、でかくて太いらしいねん。やっぱり若い子はその方がいいんかなあ」といった。
3	「夫婦間はもう何年もセックスレスやねん」「でも俺の性欲は年々増すねん」といった。
4	「この前、カー●●してん」と言い、「●●」のところをわざといわせようと話を持ちかけた。
5	不貞相手からの「旦那にメールを見られた」との携帯電話のメールを見せてきた。
6	不貞相手の写真をしばしば見せてきた。
7	水族館の客について「今日のお母さん良かったわ」「かがんで中見えたんラッキー」「好みの人いたなあ」といった。
8	「いくつになったん」「もうそんな年になったん。結婚もせんでこんなところで何してんの。親泣くで」といった。
9	「30歳は 22、23 歳の子から見たら、おばさんやで」「もうお局さんやで。怖がれるんちゃうん」「生産室に来たときは 22 歳やろ。もう 30 歳になったんやから、あかんな」等の発言を繰り返した。

10	「30歳にもなっても親のすねかじりながらのうのうと生きていけるから、仕事やめられていいなあ。うらやましいわ」といった。
11	「毎月、収入どれくらい。時給いくらなん。社員はもっとあるで」「お給料全部使うからやろ。足りんやろ。夜の仕事とかせえへんのか。時給いいで。したらええやん」「実家に住んでるからそんなん言えるねん、独り暮らしの子は結構やってる。MPのテナントの子もやってるで。チケットブースの子とかもやってる子いてるんちゃうん」などと繰り返し言った。
12	具体的な男子従業員の名前を複数挙げて「この中でだれか1人絶対結婚しなあかんとしたら、誰を選ぶ」「地球に2人しかいなかったらどうする」と聞いた。
13	セクハラに関する研修を受けた後、「あんなんいってたら女の子としゃべられへんよなあ」「あんなんいわれる奴は女の子に嫌われてるんや」という趣旨の発言をした。

ドゥーアン　うわあ、生々しいなあ…。しかも関西弁で。これって、全部ほんとのことなの？

花園社労士　もちろん。これは、最高裁がセクハラと認定した言葉によるセクハラの具体的な事実だよ。裁判は公開が原則だから、誰でもその裁判の記録を見ることができるんだ。こうした裁判例を参考にする際に重要なのは、ふわふわとした概略だけを参考にするのではなく、実際に判決文にあたって、生々しい事実と照らし合わせることが重要なんだ。特にセクハラの裁判例は、時に吐き気を催すような具体的な事実が記載されているんだ。でも、本気でセクハラをなくしたいと思うのなら、こうした具体的な事実から目を背けちゃダメなんだ。

ドゥーアン　よくわかったよ。これは、会長だけじゃなくて、会社のみんなも気をつけなきゃいけないことだね。いずれにせよ、会長の言動に比べたら、L館事件の加害者の言動がかわいいくらいに見えてきたよ。

花園社労士　まあ、そうだね。でもね、L館事件では1年以上にわたる言動を13個具体的に丁寧に拾ってあるよね。ドゥーアンは三つだけしか拾ってないよね。たぶん、もっとあるはずだよ。

ドゥーアン　そうだね。

花園社労士　④「職場の環境が不快なものとなったため、労働者の能力の発揮に悪影響が生じること」について検討してみよう。

ドゥーアン　職場環境が不快になったことは間違いないね。労働者の能力の発揮に悪影響というのはどうなんだろう？

花園社労士　もちろん、これには該当するね。L館事件では、「執務環境を著しく害するものであった」、「極めて不適切なセクハラ行為等が企業秩序や職場規律に及ぼした影響は看過し難い」と判示しているよ。「企業秩序や職場秩序に影響が生じる」ということは、「労働者の能力の発揮に悪影響が生じる」ということに他ならないよね。

ドゥーアン　なるほど〜。国語の問題だね。

花園社労士　まあ、そんなとこだね。

ドゥーアン　今度も、会長が「従業員が嫌がっていたとは認識していなかった」と主張したら？

花園社労士　L館事件は「意に反することを認識しながら、又は嫌がらせを企図してあえて行ったとは認められない」けど、「セクハラと認定する」としているよ。

ドゥーアン　だよね。じゃあ、会長が「みんなが拒否しなかったから」と主張しても同じことだね？

花園社労士　そういうこと。L館事件は「職場におけるセクハラ行為については、被害者が内心でこれに著しい不快感や嫌悪感を抱きながらも、職場の人間関係の悪化等を考慮して、被害者に対する抗議や抵抗ないし会社にたいする被害の申告を差し控えたり躊躇したりすることが少なくない」とし、「仮に上記のような事情があったとしても、そのことをもって加害者に有利に斟酌（しんしゃく）することは相当でない」と判示したんだよ。

ドゥーアン　最近は、セクハラに関して、裁判所がますます被害者保護の視点に立ってきているということだね。

花園社労士　そう。わかってきたじゃない。

ドゥーアン　でしょ？

花園社労士　そうそう、先輩の税務相談の報酬にタックル含まれてるらしいけど、僕も同じでね。じゃあ、最近は特に気合入れなくちゃいけないから、10回ね。

ドゥーアン　了解道中膝栗毛！

花園社労士　意味不明だから、2回追加ね。

3．あっせん（セクハラ）

（1）セクハラのあっせん開始通知書が会社に届いた

　千田綾が会社を飛び出してしばらくし、堂安株式会社に労働局からセクハラについてのあっせん開始通知書が届いた。

堂安株式会社
代表取締役　堂安　飛来　殿

　　　　　　　　　　　　　　　　　　京都紛争調整委員会
　　　　　　　　　　　　　　　　　　　会長　○○　○○

あっせん開始通知書

　申請人　千田　綾から○年○月○日に申請があった、あなたとの間の紛争のあっせんについて、個別労働関係紛争の解決の促進に関する法律第5条第1項の規定に基づき、京都労働局長の委任を受けて、下記のとおり開始することとしたので、個別労働紛争の解決に関する法律施行規則第6条第2項の規定に基づき、通知します。

記

1　事件番号　　　　　　京都局　―　○○　―　○○○○
2　あっせん委員　　　　○○　○○
　　　　　　　　　　　　○○　○○
　　　　　　　　　　　　○○　○○
3　あっせん申請の概要　別紙「あっせん申請書」（写）のとおり

あっせん申請書

紛争当事者	労働者	氏名 住所	千田　綾 〒〇〇〇―〇〇〇〇　京都市〇〇町〇―〇 電話〇７５（〇〇〇）〇〇〇〇
	事業主	氏名 又は名称 住所	堂安株式会社 代表取締役　堂安　飛来 〒〇〇〇―〇〇〇〇　京都市〇〇町〇―〇 電話〇７５（〇〇〇）〇〇〇〇
あっせんを求める事項 及びその理由			〇年〇月〇日に堂安株式会社に入社し、デザイナー職として勤務していました。〇年〇月〇日から〇年〇月〇日の約１カ月間、堂安震便会長から会長の愛人が経営するCLUB JACKALでホステスとしての勤務を強いられました。また、同CLUBにおいて、取引先の社長を接待させられるなどのセクハラを受けました。 　〇年〇月〇日に同CLUBでの勤務を辞めたい旨伝えたところ、解雇を通告されました。 　解雇の撤回、職場復帰と、職場復帰後は私がCLUB JACKALで勤務しなくてよいことを求めるとともに、精神的苦痛に対する慰謝料として給料の１カ月分の支払いを求めます。
紛争の経過			〇年〇月〇日に堂安飛来社長に対し、会長のセクハラに対する改善を申し入れましたが、取り合ってくれませんでした。
その他参考になる事項			訴訟は提起しておらず、また、他の救済機関も利用していません。会社には労働組合はありません。

〇年〇月〇日

申請人　氏名又は名称　千田　綾　印

京都労働局長殿

（2）セクハラのあっせんを蹴る会長

ドゥーアン　会長、大変なことになりました。これをお読みください。

震便会長　ふん、くそが。こんなもん、**無視**じゃ、**無視**。ほんとにバカたれが。

ドゥーアン　会長、ダメですよ。会長の千田さんに対する行為は、対価型セクハラに該当しますよ。下手をすれば、労働基準法に定める強制労働の禁止の規定にも抵触する可能性もあります。それに不当解雇ですよ。

震便会長　生半可な知識でワシに意見するな。ワシは、**汚腐先生のいいつけを守ってクビとはいってない。千田は勝手に出ていったんだ。**職場放棄だ。無断欠勤だ。ワシの命令も無視した業務命令違反だ。

　じゃあ、聞こう。100万歩譲って、ワシの行為がセクハラに該当したとしよう。それはワシと千田の問題だ。会社とは関係ない。ワシと千田がサシで戦えばいいだけのことだ。まあ、ワシに勝てるわけがないがな。なんといっても資本力が違うからな。最強の弁護団と豊富な資金力で千田をギャフンといわせてやるわ。で、どうなんだ？　ワシと千田の間のセクハラの問題にどうして会社が関係あるんだ？　ほれ、いってみろ？

ドゥーアン　…。

震便会長　ほらみろ。なんもいえないだろ。少しは、勉強したらどうなんだ。お前が通ったのは、みやこ大学法学部じゃなくて、あほう学部なのか？

ドゥーアン　…。

　またしてもドゥーアンは、会長の詭弁に何もいうことができなかった。詭弁であるとわかっていながらも、自らが反論することができないもどかしさを感じながら。

花園社労士のレクチャー

(1) あっせん開始通知書

　ドゥーアンは、宇治抹茶のラングドシャを持って、花園社労士事務所を訪れていた。そして、堂安株式会社に千田綾からセクハラのあっせん開始通知書が届いたこと、会長がそれを無視するつもりであることを花園社労士に報告していた。

花園社労士　どう考えても不当解雇でしょ。裁判になったら、少なくとも数百万は請求されると思うよ。あっせんに応じることを全力でお勧めするよ。
ドゥーアン　やっぱりそうだよね。でも会長がいうことを聞いてくれないんだ。「この問題は、会長と千田さんの問題だから、会社は関係ない」っていうんだ。会長から「セクハラと会社の責任を法的に説明してみろ」といわれて、また反論できなくて…。本当は顧問として花園を雇えればいいんだろうけど、会長は、「税理士がいれば、社労士はいらん!!」っていうからなあ…。

　そういうと、ドゥーアンは、肩を落とした。

(2) セクハラと民事上の会社の責任

花園社労士　セクハラと会社の民事上の責任をレクチャーしよう。次のチャートを見てね。

責　　任	説　　明	条 文 等
会社の使用者責任	従業員が業務で行った不法行為は、会社が責任を負う	ある事業のために他人を使用する者は、被用者がその事業の執行について第三者に加えた損害を賠償する責任を負う（民法715条）
会社の債務不履行責任（安全配慮義務違反）	会社が労働環境を調整する義務を怠った責任を負う	使用者は、労働契約に伴い、労働者がその生命、身体等の安全を確保しつつ労働することができるように必要な配慮をするものとする（労働契約法5条） 事業主は、職場において行われる性的な言動に対するその雇用する労働者の対応により当該労働者の労働条件につき不利益を受け、又は当該性的な言動により当該労働者の就業環境が害されることのないよう、当該労働者からの相談に応じ、適切に対応するために必要な体制の整備その他の雇用管理上必要な措置を講じなければならない（男女雇用機会均等法11条）

花園社労士　セクハラに関する民事上の会社の責任は、①「使用者責任」と②「安全配慮義務違反による債務不履行責任」の大きく二つがあるんだ。

❶　「使用者責任」

　会社は、従業員が、仕事に関係してセクハラを行った場合には、民法715条1項による使用者責任を負い、被害者に対して損害賠償しなくちゃいけないんだ。仕事に関係するかどうかは、個々の事案によるけど、会社の新人歓迎会の二次会でのセクハラも職務と密接な関係があるとして会社の責任を認めた裁判例の福岡トヨペット・セクハラ事件（福岡地判平27.12.22）もあるから、多くの場合は、職務執行性が認められると考えた方がいいね。

　民法715条1項のただし書きには、会社が従業員の監督について相当の注意を尽くした場合には免責されるとしているが、一般的には、会社の立証は難しいだろうね。

❷　「安全配慮義務による債務不履行責任」

　労働契約法は、使用者には、労働契約の相手方である従業員に対して、生命、身体等の安全を確保する義務があると規定しているよ。これを安全配慮義務というんだ。生命、身体等には、精神的なことも入るよ。

　男女雇用機会均等法は、職場において行われる性的な言動により労働者が不利益を被ったり、職場環境が害されないよう、必要な措置を行うことを使用者の義務としているんだ。

　使用者は、労働者と労働契約を結び、労働者から適正な労働力を受領する権利を持っているんだ。同時に、賃金を支払うなどの債務を負っているよね。会社は、賃金支払い義務と同時に従業員に対する安全配慮義務も負っているんだ。だから、その安全配慮義務を果たさなかったら、債務不履行という義務違反ということなんだ。義務を履行しなかったんだから、それで被らせた損害を賠償しなくてはいけないということなんだ。

ドゥーアン　なるほど。よくわかったよ。

（3）会社に義務とされるセクハラ防止体制（厚生労働大臣の指針）

花園社労士　ドゥーアンは相談されたけど、何にもできなかったんだよね。
ドゥーアン　ま、まあ、そうだけど…。
花園社労士　会社には、セクハラの相談に応じる義務があるから、次のチャートをきちんと守ってね。まあ、いずれにしても、社長のドゥーアンがちゃんとしなくちゃいけないということだね。

【会社の義務とされるセクハラ防止体制（厚生労働省指針）】

防止体制	No	具体的な内容
1．会社の方針の明確化・周知・啓発	1	セクハラをさせない旨の方針の明確化とその周知・啓発
	2	セクハラは厳罰とする等の就業規則等文書への規定とその周知・啓発
2．相談窓口の設置	3	相談窓口の設置
	4	相談担当者の適切な相談対応
3．セクハラの発生後の迅速・適正な対応	5	事実関係の正確・適切な把握
	6	被害者に対する迅速・適正な措置
	7	行為者に対する適正な措置
	8	再発防止策の実施
4．その他	9	相談者・行為者のプライバシー保護の措置
	10	相談、事実確認の協力者への不利益な取り扱いの禁止とその周知・啓発

花園社労士　厚生労働省の 10 の指針は、こうして綺麗にチャートにするとわかりやすいでしょ。もうこれは、解説の必要もないよね。①**就業規則への規定化等の方針の明確化、周知、啓発**、②**相談窓口の設置**、③**セクハラ発生後の対応**、この三つが重要なんだ。この三つをより具体化したものを 10 の指針として定めてあるんだ。

ドゥーアン　10 個の項目、見事に一つもできてないや…。

花園社労士　そのとおりだね。

（4）労働局のあっせんとは？

花園社労士　労働局のあっせんは、このケース絶対に受けるべきだよ。

ドゥーアン　そうなんだ？

花園社労士　そうなんだじゃないよ。これは、あっせん申請書の内容をよーく読めば、素人にもわかるんじゃない？

ドゥーアン　やっぱりそうなんだね。思考停止になっていた。

花園社労士　「和解に勝る訴訟なし」っていうからね。企業にとってなぜ「あっせん」がいいかというと、①時間が節約できる、②解決金が高額にならない、この二つなんだ。もちろん、むちゃくちゃ問題社員だったり、法外な要求をしてきた場合にはあっせんに応じないことも戦略的に必要かもしれないけど、会社に落ち度がないことってめったにないんだよ。僕の経験では、80％くらいのケースであっせんに応じてるかな？　場合によっては会社からあっせんを申し立てることさえあるよ。あっせんについてまとめた次のチャートを見てみて。

【労働局（紛争調整委員会）のあっせんとは？】

1	会社と（元）社員など紛争当事者の間に、労働局長が委任した紛争調整委員（弁護士・大学教授・社会保険労務士など）が入り、紛争当事者間に話合いの場を設け、紛争の解決を図る制度
2	話合いは約2時間の1回のみ
3	あっせんは非公開
4	費用は無料
5	紛争当事者は顔を合わす必要はない
6	1回の話合いで合意が得られない場合は、打ち切り

ドゥーアン　なるほど。

花園社労士　約2時間の1回ですべて終わらせ、和解に至った場合には合意書を締結するんだ。合意書の作成時間も約2時間に含まれるから、実質話合いは1時間程度だけなんだ。

ドゥーアン　お互い顔を合わせないってどうやるの？

花園社労士　それぞれ別の控室で待っていて、あっせん委員に交替であっせん会場に呼ばれるんだ。大体1回約10分を3回ずつくらいね。

ドゥーアン　たったそんだけ？　それだけじゃ話合いにならないんじゃないの？

花園社労士　そうだね。あっせんは、話合いというより、①何らかの要求をのむかのまないか？　②解決金はいくらにするか？　という二つのことの結論だけを決める場だね。証拠も基本的にはお互い示す必要は必ずしもないんだよ。

ドゥーアン　そうなんだ？　これって、弁護士がやるの？

花園社労士　代理人は、弁護士もできるけど特定社会保険労務士もできるんだよ。僕は多くの場合、社長と一緒に参加して自分が代理人としてほとんどしゃべることが多いね。社長の意思決定は控室でしてもらってるよ。

ドゥーアン　もし、千田さんのあっせんに応じた場合は、どんな流れになるの？

花園社労士　まず、千田さんがあっせん委員に呼ばれて、約10分〜20分で要求事項を伝えるんだ。この場合、①職場復帰、②解決金1カ月分だね。

　それで千田さんは控室に返されて、今度は会社側が呼ばれるんだ。千田さんの要求事項をあっせん委員が会社側に伝えるから、①職場復帰はOKかNOか？

　②解決金1カ月分はOKかNOか？　③NOならば会社が応じることができる解決金の額をあっせん委員に伝えるんだ。約10分〜20分だね。

　今度は会社側が控室に返されて、千田さんがあっせん会場に入る。あっせん委員から会社側の提示を示されるから、その内容で合意するか否かを伝える。金額で妥協することができるならば、その金額を伝える。約10分だね。

　これを2回か3回繰り返す。約1時間から1時間半だね。これで、合意するか、合意することができなければ、打ち切りとなるんだ。

　合意することができたならば、合意書をあっせん委員が作成してくれるから、これにお互いが記名押印するんだ。**合意書には、①解決金の金額を含む「合意内容」、②お互い秘密を漏らさないという「守秘義務条項」、④お互いの債権債務なしという「清算条項」が設けられる**ことが一般的なんだ。当然ながら、この合意書は、法的な拘束力があるんだ。

ドゥーアン　どう考えても、あっせんで和解すべきだね。

花園社労士　当然だと思うよ。これは、たくさんのあっせん申請書を見ていくとわかるんだけど、誰が書いただろうかと推測することができるんだ。弁護士、社会保険労務士、行政書士、司法書士、本人、本人の友人…。

ドゥーアン　えー、まじで？

花園社労士　そうそう。例えば、弁護士が一番わかりやすいね。弁護士の多く
は、「、」じゃなくて、「,」って書くんだ。裁判所に提出する書面がそうだから、
こうした文書もそうなってることが多いんだ。

ドゥーアン　そうなんだあ。目のつけどころがシャープだね。ところで、今回
のケースはどう思う？

花園社労士　これは、千田さん自身が厚生労働省のサイトを参考に自分で作文
したと思うよ。それに、千田さんはドゥーアンにもメッセージを込めてるって
思うんだけどなあ。

ドゥーアン　どうして？

花園社労士　理由は二つ。①**要求する慰謝料の額が低すぎる**。専門家がついて
いたら、こんな低い額を要求しないよ、②**文章が敬語**。あっせん申請書の書き
方は、厚生労働省のひな形に沿ってうまく書かれているよ。でも、敬語で書か
れたテンプレートって存在しないんだよ。弁護士やその他専門家が書いた場合
もそうだね。一般的には、「上から目線で、高圧的に」書くことが常套手段と
されているんだ。本当は、争うことなんかしたくないけど、こんなことになっ
てやむなく労働局に相談に行ったんじゃないかな？　労働相談員にも相談しな
がらネットを見ながら自分で書いたと思うよ。

ドゥーアン　そうなんだ…。だったらますます僕が何とかしなくっちゃ…。

　そういうと、ドゥーアンは、じっと握りこぶしを握った。

ドゥーアン　あ、報酬忘れてた。

花園社労士　あ、タックルね？

ドゥーアン　いや、今日は、たくさん教えてもらったから、僕の熱いチューで！

花園社労士　ドゥーアン、それ、セクハラだから！

4. 過重労働・未払残業

（1）「『無理』というな！　死ぬまで働け！」と恫喝する会長

　震便会長が、「営業部に気合を入れる！」と朝から息巻いている。営業成績が上がらず、業績の悪化にイライラしているのである。そんなときの会長は、とにかく大きな声で怒鳴り散らす。そして独自理論を強弁する。

震便会長　最近の営業成績が最悪だ！　気合が足りん。とにかく、「無理」というな！　死ぬまで働け！　わかったな。**1日15時間働いて成果が出ないんだったら倍働け！**　休みの日でも呼び出しがあるかもしれないから、常に出勤できる準備をしておくように。死ぬ気で働け！　死んでもいいけど、契約取ってから死ねよ！　「無理」というのは、嘘つきの言葉なんじゃ。途中でやめてしまうから「無理」なんじゃ。途中でやめなければ、無理じゃない。鼻血が出ようが、ぶっ倒れようが、とにかく全力でやれ。そうすれば「無理」とはいえんじゃろ。「無理」じゃなくなるんじゃ。「無理」という言葉が嘘なんじゃ。

　震便会長は、ブラック企業の第一人者として名高いカリスマ経営者の理論をアレンジした独自理論を展開するのが好きだ。

　堂安株式会社もバブル期の頃は、高額の給料とボーナスが支給されていたから、社員の不満はほとんどなかった。景気が良かったので、契約を取るのは簡単だったのだ。拘束時間が長かったとはいえ、営業担当社員は空いた時間にサウナに行ったり、パチンコに行ったりしていた。会長や役員たちもそれを知っていても誰も咎めなかった。堂安株式会社は、増収増益、営業部のノルマも常に達成されていたのである。

　しかし、現在の堂安株式会社を取り巻く環境は当時と全く異なる。売上は、

最盛期の4分の1まで落ち込んでいる。京都の着物の卸問屋は斜陽産業である。営業部の社員がどんなにがんばって営業してもどうしようもない。「そんなことは、会長だってわかってるでしょ？」社員の誰もが心の中でそう思っている。しかし、そんなことはいえない。バブル期のようにさぼることはせず、まじめに朝から夜遅くまで不景気をどうにか乗り切ろうとがんばっていた。

　会長室でドゥーアンは会長と対峙していた。

ドゥーアン　お言葉ですが、**残業が100時間を超えている社員が何人もいます。**これは、よろしくないのではないでしょうか？

震便会長　バカたれが。そんなこといって会社が守れると思うのか？　死ぬ気でがんばる以外、何の方法があるっていうんだ！

ドゥーアン　だから、その、インターネット販売とか…。

震便会長　また、たわけたことをぬかしやがって。ネットか納豆か知らんが、そんなもんで堂安株式会社100有余年の歴史が変わるわけないだろ！　**残業が100時間だか何だか知らんが、そんなもんはどうでもいい！　とにかく、契約取れるまで帰ってくるな！**

(2)「残業代は、給料に込みだ！」と言い張る会長

ドゥーアン　会長、私、うちの会社の給料の明細を見てみましたが、**誰も残業代が支払われてないのですが、これはまずいのではないでしょうか？**

震便会長　あ？　お前、何いってるの？　これのどこがダメなの？　いってみろ？

ドゥーアン　いや、ですから、会社に遅くまで残っている社員が多くいるのに、誰にも残業代がついていないのはおかしいじゃないですか？

震便会長　お前なあ、ちゃんと勉強してから物申せよな。うちの制度はな、ちゃあんとな、税理士の汚腐先生に教えていただいて作った就業規則だから間違いないの。

　まずな、**営業部のほとんどの社員が、企画業務型裁量労働制**なの。これは大手の損害保険会社なんかが採用してるの。**その他の営業部員は、事業場外のみ**

なし労働時間制。これも一部上場企業の営業マンで多く採用しているの。**デザイン部は、専門業務型裁量労働制**なの。

　はい。なんか文句ある？　なんもいえんじゃろ？　情けないのお。

　ドゥーアンは、一言も発することができなかった。会長がいくつかの専門用語を操ることに驚きを感じた。

 # 花園社労士のレクチャー

（1）労働時間は、労働基準法でどのように定められているのか？

　ドゥーアンは、辛子明太子を携えて花園社労士の元を訪れていた。残業代に関する労働基準法の知識のなさを会長に指摘されたことを嘆いていた。

花園社労士　労働基準法の基礎の基礎から勉強する必要があるね。
ドゥーアン　よろしくお願いします。
花園社労士　じゃあ、次のチャートを見て。労基法の条文ね。

労働基準法の
労働時間の規制

【労働基準法の労働時間に関する条文】

条項	概要（労働時間の制限）
32条	使用者は、労働者に、休憩時間を除き、1週間について40時間を超えて、労働させてはならない
32条2項	使用者は、労働者に、休憩時間を除き、1日について8時間を超えて、労働させてはならない
36条1項	使用者は、「36協定」を締結し、労働基準監督署に届け出た場合は、32条等の規定に関わらず、「36協定」で定めるとおり労働時間の延長ができる
36条7項	厚生労働大臣は、36条1項の「36協定」について「36協定指針」※を定めることができる

【36協定指針（残業の上限規制）】

制限の内容	具体的な制限時間
原則的な時間外労働の上限	①　月45時間以内 ②　年360時間以内（→ 360時間÷12カ月＝30時間）
特別条項を締結した場合の時間外労働の上限	①　月間100時間未満 ②　年間720時間以内（→ 720時間÷12カ月＝60時間） ③　2～6カ月のどの月も平均80時間以内 ④　月間45時間を超えるのは年間6カ月以内 （※②③は、時間外労働と休日労働の合計）

※「36協定指針」（労働基準法36条1項の協定で定める労働時間の延長及び休日の労働について留意すべき事項等に関する指針）（平30.9.7　厚労告323号）

【労働基準法37条の残業等の条文・労働時間・割増率】

条文	法律上の呼び方	労働時間	割増率
37条1項	法定外労働	1日8時間、週40時間超	1.25倍
37条1項ただし書き	中小企業2023年4月～	月間60時間超	1.50倍
37条1項・37条1項に基づく政令	休日労働	週1日の休日が確保できない場合	1.35倍
37条4項	深夜労働	22:00～5:00	0.25倍

【労働基準法上の労働時間・割増賃金に関する罰則】

違反する条文	概要	罰則の条文	罰則
32条違反	法定労働時間超（残業の上限規制等）の労働	119条	6カ月以下の懲役または30万円以下の罰金
37条違反	残業代未払い（時間外労働・休日・深夜に対する割増賃金の未払い）		

(2) 労基法の労働時間（残業の上限規制）とは？

花園社労士 わかった？

ドゥーアン んー、日本語で教えてくれる？ 宇宙語じゃなくて。

花園社労士 法律では、1日8時間、週40時間を超えて働かせてはいけないんだ。

ドゥーアン だって、みんな残業しているじゃない？ 全部法律違反なの？

花園社労士 労基法36条に規定された「サブロク協定」を労基署に毎年届けると、合法的に労基法32条を破ることができるんだ。

ドゥーアン 合法的に破るってへんな言い方！

花園社労士 法律上そういうんだ。

ドゥーアン じゃあ、「サブロク協定」を出せば、無制限に残業させていいの？

花園社労士 もちろん、制限はあるよ。労基法の原則的な上限は、月間45時間、年間360時間なんだ。

ドゥーアン 年間360時間ということは、12カ月で割ると、1カ月平均30時間ということ？ 原則ってことは、例外もあるの？

花園社労士 例外的に「サブロク協定」に「特別条項」を設けると、月間45時間、年間360時間を超えて、残業させることができるんだ。

ドゥーアン 特別条項を締結すれば上限がないの？

花園社労士 あるよ。2019年の4月からは特別条項を締結しても、上限規制ができたんだ。

ドゥーアン　なるほど。それが、この「３６協定指針（残業の上限規制)」の
チャートだね。

花園社労士　①１月に 100 時間を超えちゃいけない、②毎月の平均が 80 時間
以上じゃいけない、③年間平均 720 時間以下じゃなければいけない、12 カ月
で割ると、月間平均 60 時間以下、④原則的な残業時間 45 時間を超えていい
のは、年間 6 カ月まで。この場合の残業は、普通の残業と休日の残業を含むか
らね。

ドゥーアン　なるほど。④原則的な残業時間 45 時間を超えていいのは、年間
6 カ月までという制限が一番厳しそうだね。簡単にいうと、社長の僕としては、
社員に何といえばいいのかな?

花園社労士　「毎月 45 時間以内の残業を目指そう！　暫定的には、とりあえず、
平均で 60 時間以内の残業を目指そう！　どんなに悪くても 80 時間以上の残
業はやめようね！　80 時間以上の残業を１人でも１回でもやったら、労基法
違反で社長が捕まるから !!」っていったらいいんじゃない?

ドゥーアン　どうして 100 時間じゃなくて 80 時間なの?

花園社労士　会社に帰って、「サブロク協定」を見てごらん。月間の残業の上
限は、80 時間って書いているはずだよ。実務的に、労働基準監督署の窓口規
制で、「サブロク協定」に月間 80 時間の残業を上限とすると書いているはず
だから。

ドゥーアン　ありがとう！　かなりよくわかったよ！　もう一度復習して、会
社に帰ったら「サブロク協定」を見直すね。

花園社労士　ぜひ！　本当は僕が顧問の社会保険労務士だったら直接チェック
するんだけどね。ちょうど 2020 年に「サブロク協定」の様式が変更になった
からね。「サブロク協定」の有効期間は最長１年だから、毎年見直す必要があ
るんだけど結構これを忘れている会社が多いんだ。8 割ほどの会社が忘れてい
るかな?　これだけで、労基法 32 条違反なんだ。

（3）過労死ラインとは？（労災認定基準における長時間労働）

【過労死ライン】

（厚生労働省「精神障害の労災認定基準」長時間労働がある場合の評価基準が「強」になる例）

番号	分類	法定外残業時間
1	「特別な出来事」としての「極度の長時間労働」	・発病直前の1カ月に160時間以上の残業 ・発病直前の3週間に120時間以上の残業
2	「出来事」としての長時間労働	・発病直前の2カ月間連続して1月120時間以上の残業 ・発病直前の3カ月間連続して1月100時間以上の残業
3	他の出来事と関連した長時間労働	・恒常的に月100時間の残業

【過労死ライン】

厚生労働省「脳・心臓血管疾患の労災認定基準」の業務による明らかな過重労働

番号	要件	法定外残業時間
1	短期間の過重労働	① 発症直前から前日までの間に特に過度の長時間労働 ② 発症前1週間以内に継続した長時間労働 ③ 休日が確保されていない　等
2	長期間の過重労働	＜関連性 「中」（長いほど強まる）＞ ・発症前1〜6カ月平均月45時間〜80時間の残業 ＜関連性 「強」＞ ・発症前1カ月平均100時間 ・2〜6カ月平均80時間

花園社労士　今度は、「過労死ライン」の話をしよう。このチャートを見てね。これは、労働基準監督署の労災の認定基準なんだ。そのうち、長時間労働が認定に与える影響の部分を抜粋して作ったチャートだよ。**労働基準監督署は、「精**

神障害」、「脳・心臓血管疾患」に分けて労災の認定基準を定めているんだ。

ドゥーアン　精神障害や脳・心臓血管疾患って、長時間労働だけじゃなくって、遺伝とか家庭の事情とか仕事以外の理由もあるんじゃない？

花園社労士　いい指摘だね。その通り。**労災は、「①仕事中」、「②仕事に関係している」という二つの要件を両方満たす必要がある**んだ。ケガの場合は、その認定は簡単だけど、病気の場合は、「②仕事に関係している」かどうかの認定は、総合判定になるんだ。遺伝や仕事以外の状況ももちろん考慮されるんだ。

　でも、「仕事以外の原因」があったとしても、「過重労働」があったとすると、それは、「病気を悪化させた」として、労災認定されるんだ。

ドゥーアン　なるほど。

花園社労士　「精神障害」では、月100時間、「脳・心臓血管疾患」では、月80時間以上の残業があったらほとんどの場合、労災認定されるんだよ。「脳・心臓血管疾患」の認定基準で示される通り、月45時間以内の残業だとほとんど労災と認定されることはなく、45時間〜80時間まで残業時間に比例して認定される可能性が高くなるんだ。そして、80時間以上の場合、ほとんどが労災認定されるんだ。

ドゥーアン　残業を45時間以内に抑えるのが理想的なんだね。

花園社労士　そのとおり。「サブロク協定」を締結した場合の原則的な労働基準法の残業の上限45時間以内に残業を抑えるのが「過重労働」防止のためには理想的だね。

（4）労基法上の割増賃金

花園社労士　労基法では、割増賃金率がチャートの通り決められているんだ。1日8時間週40時間を超えたら1.25倍、60時間以上残業は、1.5倍。22時から5時までの労働は、0.25倍。休日労働の場合は、1.35倍なんだ。1.5倍の割増率は、中小企業は、2023年3月末までは猶予されてるよ。

ドゥーアン　基本中の基本だね。

（5）みなし労働時間制の問題

ドゥーアン　企画業務型裁量労働制、専門業務型裁量労働制、事業場外のみなし労働時間制について教えてほしいんだ。会長が汚腐税理士に教えてもらって、残業代を払わなくていい合法的な方法といっていたけど、実際、どうなの？会社の総務の書類を調べたけれど、そんな制度を導入しているらしき書類も見当たらないんだ。

花園社労士　結論からいうね。堂安株式会社では、三つの制度を全て廃止した方がいいね。理由は大きく二つあるんだ。**一つ目は、書類等が整備されていない場合、労働基準監督署の調査でも制度が導入されていないと認定されるリスク、二つ目は、仮に書類を整えていたとしても、労働者が民事訴訟を起こした場合、実態としてはその対象者とみなされず、制度が導入されていないとされるリスク**なんだ。

ドゥーアン　その場合、どうなるの？

花園社労士　**未払残業代があるとしてその支払いを命じられるリスクがある**ね。2020年4月に民法改正があって、これまで過去2年分の未払残業代の支払いだったのが、**3年分になる**んだ。

ドゥーアン　倒産だってあるうるかも…。でもどうして会長が自信満々なのに…。

花園社労士　素人は素人だからね。企画業務型裁量労働制、専門業務型裁量労働制は、書式を整えるのはすごく難しんだ。経験を積んだ社会保険労務士もなかなか難しいから、素人にはそう簡単にできないと思うよ。事実、その書類がないってことは、導入していることはまず認められないだろうね。それと事業場外のみなし労働時間制というのは、あくまで、「労働時間を算定しづらい場合」に限って認められる制度なんだ。阪急トラベルサポート事件（最判平26.1.24）で**海外旅行ツアーの添乗員に適用していた事業所外のみなし労働時間制が法的には適用されないと判断された**んだ。今の時代、携帯電話があるから、どこにいても連絡がとれて、今、何をしているかわかるよね。そういった

時代背景もあって、今は営業マンに対する事業場外のみなし労働時間制は、ほとんどが適用されないと判断されるんだ。労働基準監督署は、明らかな法違反を取り締まる機関だけど、事業場外のみなし労働時間制を適用されないことは、民事的な問題ではなく明らかだとして法違反を指摘しているのが実態なんだ。

ドゥーアン なるほど。よくわかった。

5. 労働基準監督署の調査

(1) 労働基準監督署の臨検

ドゥーアン 会長、労働基準監督署から調査するとの FAX が来ていますが!!
震便会長 ふん。お前はほんとに小心者だなあ。そんなことじゃあ、堂安株式会社の５代目社長の名が泣くぞ。役人なんぞ、適当にあしらっとけ。

令和〇年〇月〇日

堂安株式会社
代表取締役　堂安　飛来　殿

京都中京労働基準監督署
労働基準監督官　永邱　真藩

調査のお願い

　日ごろから、労働基準行政にご協力いただきまして、御礼申し上げます。
　さて、令和〇年〇月〇日に貴社へ訪問させていただくことになりましたので、よろしくお願いいたします。
　つきましては、下記の資料等をご準備いただきますようお願いいたします。

記

　１．就業規則
　２．時間外・休日労働に関する協定書（３６協定）
　３．労働者名簿
　４．労働条件通知書（雇用契約書）
　５．年次有給休暇管理簿
　６．タイムカード等労働時間のわかる資料
　７．賃金台帳（直近３カ月）
　８．健康診断実施記録、健康診断結果報告書（事業主控え）

以上

　ドゥーアンは、労働基準監督官と日程を調整し、依頼された資料を準備し、調査当日を迎えた。**京都中京労働基準監督署の労働基準監督官、永邱真藩（えいきゅう・しんぱん）が堂安株式会社にやってきた。**監督官は資料に目を通し、調査を開始した。

監督官　タイムカードが全員分ありませんが。

ドゥーアン　管理監督者、企画業務型裁量労働制、専門業務型裁量労働制の適用者については、時間管理をする必要がないと思うので、タイムカードはありません。

監督官　それは法律違反です。**管理監督者も含めて労働者は全員時間管理すべきことが労働基準法で定められています。また、御社は企画業務型裁量労働制、専門業務型裁量労働制を導入しているといいますが、定められた届け出もなされていません。よって、これらの労働者にこの制度を適用することはできません。**

ドゥーアン　そうなんですか…。

監督官　タイムカードを拝見しましたが、「サブロク協定」で上限とされた80時間を大幅に超えた労働者が散見されます。これも法律違反です。

ドゥーアン　わかりました。

監督官　御社では残業代が全く支払われていません。これはどういうことですか？

ドゥーアン　そ、それは、給料に残業代が込みということらしいのですが…。

監督官　就業規則、労働条件通知書を拝見しても、法的にそのような解釈はできません。これは、3カ月分遡及して支払いをしていただく必要があります。額は御社で算定してください。

ドゥーアン　夜遅くまで残っていても仕事をしていない場合もあるのではないでしょうか…？

監督官　会社には、労働者の時間を把握する義務があります。もし、タイムカードの退勤時間と労働時間が異なる場合は、会社がそれを証明することが必要です。そうでない場合は、タイムカードに打刻された時間を労働時間と算定して

ください。

ドゥーアン　そ、そんなことしたら、すごい金額になると思うのですが…。

監督官　しかたありませんね。

ドゥーアン　わ、わかりました。

監督官　では、**是正勧告書を交付させていただきますので、署名、押印をお願**いします。

　永邱監督官は、約2時間にわたる調査を終えると、是正勧告書を交付した。

是正勧告書

令和○年○月○日

堂安株式会社
代表取締役　堂安　飛来殿

京都中京労働基準監督署
労働基準監督官　永邱　真藩

　貴事業所における下記労働基準法違反については、それぞれ所定期日までに是正の上、遅滞なく報告するよう勧告します。
　なお、法条項に係る法違反については、所定期日までに是正しない場合又は当該期日前であっても当該法違反を原因として労働災害が発生した場合には、事案に応じ、送検手続きをとることがあります。

法条項等	違反事項	是正期日
労基法第32条第1項・第2項	時間外労働に関する協定の範囲を超えて労働させていること	即日
労基法第37条第1項	1日8時間週40時間を超えて労働者に時間外労働をさせていたにも関わらず、2割5分以上の割増賃金を支払っていないこと（過去3カ月遡及して支払うこと）	○年○月○日
〜〜〜	〜〜〜	〜〜〜

（2）労働基準監督署の是正勧告を無視！！

　ドゥーアンは、震便会長に労働基準監督署の調査の報告と是正勧告を受けた旨を報告した。

震便会長　そんなもの無視に決まっている。いちいち役人のいうことを聞いていたら経営なんてできんのだ。法律には解釈というものがある。解釈の違いということじゃな。
ドゥーアン　会長、さすがにまずいんじゃないですか？
震便会長　バカも〜ん！　ワシがいいといったらいいんじゃ!!

　堂安株式会社は、労働基準監督署の是正勧告を無視し続けていくのであった…。

 # 花園社労士のレクチャー

　ドゥーアンは、にわかせんべいを手に花園社会保険労務士の事務所を訪ねていた。堂安株式会社に是正勧告書が交付されたことを打ち明けていた。

ドゥーアン　無視しているんだ。
花園社労士　ドゥーアン、アホなの？　無視すれば大変なことになるのわかってるの？

ドゥーアン　でも、莫大な額の残業代支払いかもしれないんだ。今回ばかりは、会長のいいなりが正しいような気がする。

花園社労士　ドゥーアン、ほんとにアホだね。

ドゥーアン　どういうことなの？

花園社労士　重大な法令違反や悪質な違反と認められる場合、何回も同じ違反を繰り返している場合には、司法処分されることがあるんだ。

ドゥーアン　しほうしょぶん？

花園社労士　検察庁に書類送検することだよ。

ドゥーアン　けんさつちょうに、しょるいそうけん！

花園社労士　もし、証拠隠滅や逃亡のおそれがあると認められる場合には、身柄の拘束、つまり、逮捕されることもあるんだよ。

ドゥーアン　ええ？　逮捕？？

花園社労士　労基法 102 条では、「労働基準監督官は、この法律違反の罪について、刑事訴訟法に規定する司法警察官の職務を負う」とされているんだ。

ドゥーアン　しほうけいさつかん!!

花園社労士　労働基準監督署は、なるべく是正勧告書による行政指導にすませたいと思っているんだ、でも挑発的な態度をとったりして、「悪質」と判断されれば、行政指導をやめて強制的な手続きに切り替えることになるんだ。だから、無視するなんて言語道断なんだ。

ドゥーアン　じゃあ、是正勧告書については、どうすればいいの？

花園社労士　無視するんじゃなくて、真摯に対応することが重要なんだ。とにかくいいね。

ドゥーアン　う、うん。

　ドゥーアンは、この言葉の意味がしっかりと腹落ちしていなかった。後々このことが現実に起こるとは、まだこの時点では夢にも思わなかった。

６．不当解雇

（1）労基署にチクったやつをクビにしろ！

　労働基準監督署からの是正勧告を無視しつづける堂安株式会社。

震便会長　いったい、誰が労基署にチクったんだ？
ドゥーアン　誰もチクったんじゃありませんよ。
震便会長　どうでもいいわ。
ドゥーアン　そうですよね。
震便会長　そうだ、古場に違いない。ヤツは以前にチクったやつことがあるしな。

　震便会長は、古場部長を呼んだ。

震便会長　古場、お前、労働基準監督署にチクっただろう？
古場部長　そ、そんな。そんなことはしません。
震便会長　じゃあ、なんで労働基準監督署がこんなにうるさく何度も何度もうちに督促にくるんだ。
古場部長　それは、きちんと指示に従わないからでは…。
震便会長　じゃあ、労働基準監督署に聞くまでだ。
古場部長　え、え？

　　震便会長は電話をとり、京都中京労基署に電話をかけた

震便会長　あー、堂安株式会社ですけど、聞きたいことあるんだが。労働基準
監督署がうちに調査に来たのって、誰かのタレこみがあったんですか？　それ
ともたまたまですか？

労基署　え？　ちょっとお待ちください。

　　京都労働基準監督署の担当者は、担当の永邱労働基準監督官に電話を代わっ
た。

監督官　お電話代わりました。タレこみがあったかとのご質問ですが、今回の
調査は、我々の独自の判断で行いました。お話は変わりますが、何度も連絡し
ておりますが、**是正勧告に応じられてませんよね。このままでは、検察庁に書
類送検せざるを得ない**ことになりますよ。

震便会長　はい、はい。その件は解釈の違いですから。では、では。

　　そういうと、震便会長は、さっさと電話を切ってしまった。

(2) 能力不足でクビだ！

古場部長　で、でしょう。私、チクってなんかいないでしょ。

震便会長　まあ、そうだな。**古場、でもお前はクビだ。**だいたい、営業部長と
して、営業成績がノルマに半分も到達していないよな。

古場部長　いや、ま、待ってください。

震便会長　就業規則にも能力不足又は勤務成績が不良で業務に適さないときは
解雇にできるって規定があるだろう。

古場部長　だ、だからといって。

ドゥーアン　そ、そうですよ。いくら何でも急すぎますよ！

震便会長　うるさい！　とにかく決めたんだ。**クビだ、クビだ!!**

ドゥーアン　いけません。不当解雇ですよ。

震便会長　ワシがクビと決めたらクビなんだ。

古場部長　いいんです。ノルマを達成できなかったのは本当ですし。

ドゥーアン　そ、そんな。

震便会長　ま、わかればいいんだ。

　古場部長は、営業成績が不振な責任を一身に背負って堂安株式会社を後にした。

花園社労士のレクチャー

　ドゥーアンは、古場部長が営業成績が不振な責任を一身に背負って堂安株式会社をクビになったことの顛末を社労士に相談した。

花園社労士　まずいよね。

ドゥーアン　そうだよね。

花園社労士　労働契約法15条では、「解雇は、**客観的に合理的な理由を欠き、社会通念上相当であると認められない場合は、その権利を濫用したものとして、無効となる**」とされているんだ。

ドゥーアン　うーん。なんとなくわかるけど、実感ベースでよくわからないなあ。

花園社労士　日本の法律では、解雇は、非常に難しいといえるんだよ。解雇するためには、**①合理的な理由**と**②相当な理由があると認められること**とされているんだ。

ドゥーアン　うーん。

(1) 合理的な理由

花園社労士　まず、①合理的な理由。このケースでは、ノルマを果たしていないことが挙げられるね。目標に対して、半分をクリアしてないという事実はあるよね。ということは、この一つ目の合理的な理由については、該当すると考えられるね。
ドゥーアン　そうなんだ。

(2) 相当な理由

花園社労士　次に、②相当な理由を考えてみよう。これは、「解雇するには、かわいそうすぎないか、どうか」という基準になると考えられるね。
ドゥーアン　ふむふむ。
花園社労士　そう考えると、これは、不当解雇になる可能性が高いといえるね。
ドゥーアン　やはりそうだよね。

(3) 解雇権濫用

花園社労士　裁判例を見ていこう。典型的な裁判例として、エース損害保険事件（東京地判平13.8.10）では、「**長期雇用下の正規従業員の成績不良を理由とする解雇については、長期雇用・長期勤続の実績に照らして、単に成績が不良というだけでなく、それが企業経営に支障を生ずるなどして企業から排斥すべき程度に達していることを要する**」とされているんだ。また、**教育指導や解雇回避措置が求められるんだ。これを経ない解雇は解雇権濫用とされやすいんだ。セガ・センタープライゼズ事件（東京地決平11.10.15）などがそうだね。
ドゥーアン　そうだよね。いったい、どうなるんだろう。
花園社労士　普通は、訴訟を提起してくるだろうね。

ドゥーアン 負けるのかなあ。

花園社労士 極めて高い確率でそうだろうね。

ドゥーアン …。

7. 内容証明

（1）不当解雇の内容証明

　堂安株式会社では、古場津久から内容証明が届いて、ドゥーアンは、慌てふためいていた。

ドゥーアン　会長。やはり、古場部長は不当解雇を主張してきましたよ。ここは、職場復帰を認めるべきですよ。
震便会長　何をいっているんだ。どれ、書面を見せてみろ。

堂安株式会社
代表取締役　堂安　渡来　殿

　　　　　　　　　　　　　　　　　　　　　　　羅院法律事務所
　　　　　　　　　　　　　　　　　　　　　弁護士　羅院　会人

受 任 通 知 書

　当職は、古場　津久氏から委任を受けた弁護士ですが、古場氏の代理人として、以下のとおり通知いたします。
　貴社は、〇年〇月〇日付けで古場氏を解雇しておりますが、その解雇理由が定かではありません。また、これまで古場氏を注意・指導することなく、突然解雇を言い渡しており、この点からも、本件解雇は無効と言わざるを得ません。
　つきましては、解雇を撤回していただきますとともに、速やかに古場氏を職場復帰させることを要求いたします。

震便会長　古場のやろう、弁護士を付けて裁判しようっていうのか？
ドゥーアン　会長、古場部長は、当然に民事裁判を視野に入れていますよ。こ

のケースでは勝ち目はありません。

　典型的な裁判例として、エース損害保険事件（東京地判平 13.8.10）では、「**長期雇用下の正規従業員の成績不良を理由とする解雇**については、長期雇用・長期勤続の実績に照らして、**単に成績が不良というだけでなく、それが企業経営に支障を生ずるなどして企業から排斥すべき程度に達していることを要する**」とされています。

　セガ・エンタープライゼズ事件（東京地決平 11.10.15）の裁判例でも、「**教育指導や解雇回避措置がなしないまま、された解雇は、解雇権濫用**」とされています。私たちの会社に勝ち目はないんです。自覚してください。

震便会長　うーん。

　震便会長は、今までにないドゥーアンの迫力と、裁判例を持ち出され、多少ひるんだ様子だった。

ドゥーアン　どうするおつもりですか？
震便会長　少し考える。

　そういうと、震便会長はトーンダウンした様子だった。

（2）セクハラと不当解雇の内容証明

　翌日、堂安株式会社には、もう一通の内容証明郵便が届いた。

　堂安株式会社
　代表取締役　堂安　渡来　殿

　　　　　　　　　　　　　　　　　　　　　　　羅院法律事務所
　　　　　　　　　　　　　　　　　　　　　　　弁護士　羅院　会人

　　　　　　　　　　受 任 通 知 書

　当職は、千田　綾氏から委任を受けた弁護士ですが、千田氏の代理人として、以下のとおり通知いたします。
　貴社は、CLUB JACKAL でホステスとしての勤務を強いるなどセクハラ行為を繰り返し、〇年〇月〇日付けで千田氏を解雇いたしました。
　つきましては、解雇の撤回を要求し、職場復帰を求めます。
　なお、7 日以内にご回答いただけない場合には、法的措置を取ります。

震便会長　いったい全体、どういうことなんだ？

ドゥーアン　どうもこうもありません。千田綾さんも弁護士を付けて、セクハラと不当解雇で闘うつもりですよ。

震便会長　セクハラ？　不当解雇？　いつそんなことをしたというんだ？

ドゥーアン　覚えていないというんですか？

震便会長　そんなことをした覚えはないというんだ！

ドゥーアン　会長、忘れてるはずありませんよ。対価型セクハラ、環境型セクハラ、いずれにおいても会長は、セクハラされていますよ。

　そういうと、ドゥーアンは、次のことを会長に思い起こさせるように説明した。ちょうど、社労士にレクチャーしてもらったとおりに。

【対価型セクハラに該当する会長の性的な言動】

番号	要件	会長の性的な言動
1	職場において	職場内で
2	労働者の意に反する	しぶしぶ従った
3	性的な言動が行われ	「CLUB JACKAL で働け」と命令した
4	それを拒否するなどの対応により、解雇、降格、減給などの不利益を受けた	解雇しなくても、退職せざるを得ない状態に追い込んだ

【環境型セクハラに該当する会長の性的な言動】

番号	会長の性的な言動
1	露出の多い格好をした愛人を社内に連れ込み、従業員の面前で腰に手を回す、臀部を弄る。
2	愛人との夜の生活の話を従業員に聞かせる。
3	「CLUB JACKAL はビキニナイトがあるらしいんじゃ。千田君だけじゃなく、他の女子社員の諸君も参加したまえ。…わっはっは」

ドゥーアン　思い出しましたか?

震便会長　ああ。でもこれくらいがセクハラといえるか?

ドゥーアン　当然です。

震便会長　…。

ドゥーアン　JA さが事件(福岡高裁令 1.6.19)では、「**佐賀県農業協同組合の女性職員が生産者対象の女性コンパニオンの性的接待が前提となっている懇親会に、業務として同席を余儀なくされたとしてセクハラが認定**」されています。

震便会長　うーむ。仮にこれがセクハラだとしても、不当解雇は違うだろう。現に千田は、「辞めます」といって会社を飛びだしたんだから。

ドゥーアン　N銀行京都支店事件(京都地判平 10.3.22)では、被害者は退職しました。しかし、裁判所は、「**支店長のセクハラ行為の結果、銀行を退職するのやむなきに追い込まれた**」と判示しています。

震便会長　うぬぬ。な、なんと…。

　ドゥーアンの、今までにないような裁判例をつらつらと並べる態様に、震便会長はたじろいだ。どれもこれも花園社労士の請け売りであるのだが。

ドゥーアン　会長、もういいかげん、あきらめてくださいよ。勝ち目はないです。どんなに贔屓目にみても、裁判されたら不当解雇は間違いないです。ここはどうか、**2人に戻ってきてくれるように頼んだらどうですか⁉**

震便会長　う〜む。仕方ないな。

ドゥーアン　いいんですね。では、古場部長も千田さんも戻ってきてもらうの

でいいんですね。

震便会長　うむ、よかろう。

　ドゥーアンは、初めて震便会長に意見をし、初めてその意見が認められた。それからドゥーアンは、2人の代理人の羅院弁護士に連絡をとった。粘り強い交渉の末、2人は戻ってきてくれることとなった。相手方弁護士費用を支払うこと等、いくらからの解決金を支払うことで職場復帰の合意が取れたのである。

　それから数日後、堂安株式会社での様子。

ドゥーアン　2人とも、**不当解雇は申し訳ありませんでした。**

古場部長　は、はい。

千田　え、ええ。

ドゥーアン　会長もきちんと謝ってください。

震便会長　そ、そうだな。悪かったな。

　そうして、事態は**一件落着**したかに見えたのだったが…。

花園社労士のレクチャー

(1) 事態の顛末

　ドゥーアンは、スキップをしながら花園社会保険労務士を訪ねていた。

ドゥーアン　…というわけなんだよ。

　ドゥーアンは、2人から内容証明が届いた顛末、震便会長を説得した顛末を話していた。

花園社労士　まあ、良かったね。震便会長も理解してくれたんだね。

ドゥーアン　まあね。これでしっかりと理解してくれたらいいんだけど。

花園社労士　そうだね。

(2) 民事訴訟リスク

花園社労士　羅院会人弁護士が相手で良かったよ。話のわかる弁護士が相手だったからね。古場部長のケースであれば、通常は、**パワハラと同時に未払残業代2年分、令和2年4月からは3年分の請求も同時に行うからね**。そうねえ、1,000万円でもおかしくないね。それから、千田さん。これもパワハラとセクハラが行われるような職場には戻りたくないといって、数百万かなあ？

ドゥーアン　そ、そんなに。

花園社労士　そうだね。

ドゥーアン　なんで、戻ってきてくれたんだろう。

花園社労士　まあ、会社が好きだったのかもね。

ドゥーアン　なるほどね。

花園社労士　ちなみに、一般の訴訟になった場合、3回裁判を受けることができるんだ。**地方裁判所、高等裁判所、最高裁判所だね**。一般的には、地方裁判所の裁判だけでも、**1年から2年かかることもザラにあるんだ**。

ドゥーアン　そんなに。

花園社労士　そう。そして、会社が勝つことなんてめったにないよ。

ドゥーアン　そうなんだあ。

花園社労士　そう。「**和解に勝る訴訟なし**」なんだよ。

ドゥーアン　なるほどね。

花園社労士　ただこれは一つの課題をクリアしたにすぎないからね。

ドゥーアン　まあでも、今回はうまくいったから。

　ドゥーアンは、これから待ち受けている厳しい現実を知る由もなかった…。

第３章

ヒドイ会社の労務管理
労働基準監督署の逮捕

（1）労働基準監督署の逮捕

監督官　はい、動かないでください。京都中京労働基準監督です。

逮　捕　状 (通常逮捕)	
被疑者の氏名	堂安株式会社 代表取締役　堂安　渡来
被疑者の年齢 住居、職業 逮捕を許可する罪名 被疑事実の要旨 被疑者を引致すべき場所 請求者の官公職氏名	別紙逮捕状請求書のとおり
有効期間	○○年○月○日
有効期間経過後は、この令状により逮捕に着手することができない。この場合には、これを当裁判所に返還しなければならない。 　有効期間内であっても、逮捕の必要がなくなったときには、直ちにこれを当裁判所に返還しなければならない。	
上記の被疑事実により、被疑者を逮捕することを許可する。 　　　　　○○年○月○日 　　　　　　　○○地方裁判所 　　　　　　　　　裁判官　○○　○○　印	

　約20人の**労働基準監督署の人々が逮捕状を手に堂安株式会社にやってきた**のである。

震便会長　な、何ごとだ！
ドゥーアン　わ、わかりません。

労働基準監督官は、次々に会社の書類を押収していく。特に給与関連のPCは、完全に運び出されていた。

監督官　社長の堂安渡来さんですね。あなたを**労働基準法32条、37条違反の疑いで逮捕します。**
ドゥーアン　えっ！　えっ!?

　そういうと、労働基準監督官はドゥーアンに手錠をかけた。手錠に腰縄をされてドゥーアンは連行されていった。

（2）検察庁への書類送検

　ドゥーアンは逮捕から48時間、そして、その後検察庁に送検され、24時間の取り調べを受けることになった。この3日間が正確には逮捕という。
　その後、検察官が勾留請求し、裁判官が勾留決定をし、勾留という身柄拘束に移行した。勾留は当初10日間続き、その後、さらに10日間の延長請求が認められた。つまり、**合計で23日間拘束された**ことになる。
　その間、接見は1日15分に制限されていた。弁護士には接見の制限がないため、顧問弁護士がドゥーアンの接見を行った。

（3）起訴

　ドゥーアンと堂安株式会社は、事案が悪質ということで起訴された。通常は起訴猶予処分となることが多いのであるが、異例の措置であった。「定期監督」

で同社を訪れたが、３６協定の特別条項を超えた違法な残業、残業代の不払いを指摘。「是正勧告」をしたが、これに応じなかった。その後、何度も何度も繰り返し督促したが、これに応じなかった。また、従業員への圧力が加えられ、**証拠隠滅の恐れがあるとして、逮捕に至った。**

　従業員への 100 時間を超える違法な長時間労働、未払残業で 5,000 万円の支払いを怠った罪で有罪となった。

　結局、ドゥーアンと堂安株式会社は、**有罪**が確定した。労働基準法 32 条違反と労働基準法 37 条違反であった。

花園社労士のレクチャー

　一連の全ての件が終わり、ドゥーアンは、花園社会保険労務士事務所を訪ねていた。

ドゥーアン　終わったよ。

花園社労士　前科一犯だね。

ドゥーアン　そんなん、いうなよ。

花園社労士　まあ、そうだね。

ドゥーアン　勾留期間、ホント、きつかったんだから。

花園社労士　臭い飯を食ったわけだね。まあ、会社の悪い部分を一手に引き受けたわけだからね。**それが代表取締役だね。**

ドゥーアン　会長が何と言おうと、社長が責任取るわけだよね。痛いほどよくわかったよ。

花園社労士　まあ、**是正勧告を無視する**なんてことするからいけないんだよ。

ドゥーアン　そうだね。

花園社労士　無視してるっていうのが、隠蔽工作とみなされたから逮捕されたんだよ。相当悪質だとみなされたんだね。労働基準法違反で逮捕なんて全国で毎年1件、2件あるかどうかなんだよ。そもそも**是正勧告無視**なんかしたら言

語道断だよ。

ドゥーアン 　ほんとに情けない。会長が何といおうと君の意見に従うべきだったよ…。

花園社労士 　未払残業代の 5,000 万円も既に支払ったことだし、労務管理のやり方も抜本的にやり直さなくちゃいけないしね。

ドゥーアン 　そうだんだよね…。

花園社労士 　会長が良からぬこと考えてなければいいけど…。

ドゥーアン 　え、何？

　それ以上、社労士は語ることをしなかった。しかし、これ以上のことがドゥーアンの身の上に起ころうとは、2 人は知る由もなかった。

第4章

ヒドイ会社の財務会計

社長解任

（1）会長解任の嘆願書

　ドゥーアン社長の逮捕、労働基準法違反での有罪は、堂安株式会社にも衝撃を持って受け入れられた。ただし、震便会長には何の影響もなかった。事件の責任を一身に背負った堂安飛来は、意気消沈していた。

　ある日、デザイン部社員の千田綾がドゥーアンに話をしにきた。

千田　社長、もう私たちは我慢ができません。セクハラ、パワハラは全く変わっていません。そもそも、どうして社長が逮捕されなきゃいけないんですか。労基法違反の指示をしたのは会長ですよね。

ドゥーアン　そうなんだけどね…。

千田　従業員みんなが耐えられなくなっています。**会長に退任してほしいという嘆願書を作成しました。就業員の8割の署名も集まっています。**何とかお願いします。

ドゥーアン　本当に苦労をかけて申し訳ない。わかった。この嘆願書は預かるよ。この件について話合いをしてみる。

千田　ありがとうございます。社長、よろしくお願いします。

（2）震便会長退任要求

ドゥーアン　従業員の80パーセントが署名した嘆願書があります。会長の退任を要求するものです。労働基準法違反の指示も実質はお父さんがしたものじゃないですか？　本当は、お父さんが逮捕されるべきものですよ。

震便会長　ワシが辞める？　何をたわけたことをいうんだ。経営とは清濁併せ呑むことが必要だろ。これくらいのことでなんだというんだ。労働基準法違反くらいなんだというんだ。お前が責任を取るのは当たり前のことだ。とにかく、ワシを辞めさせようとするなんて、けしからん!!

ドゥーアン　いえ、今度ばかりは、引くことはできません。従業員の総意です。

震便会長　ワシは辞めん！

ドゥーアン　いえ、辞めてください‼

震便会長　じゃあ、そうなったら株主総会だ。ワシは全株式の3分の2を持っているからオールマイティーだ。今から全株主を呼べ！！

（3）臨時株主総会で会長の解任要求

　そうして、全株主による株主総会が開かれた。ドゥーアンが議長である。

ドゥーアン　社員の8割から会長は退いてほしいと嘆願書が提出されました。よってここに会長の取締役の解任を要求します。賛成の方は挙手をお願いします。

　手を挙げたのは、ドゥーアンただ1人。

ドゥーアン　この議案は否決しました。これで臨時株主総会を終わります。

（4）ドゥーアン代表取締役の解任の取締役会決議

震便会長　ちょっと待った。**緊急動議だ**。一番の会社の貢献者である堂安震便を解任しようとした罪は重い。よって**堂安飛来の代表取締役解任を要求する**。賛成の者は挙手を。

汚腐税理士　会長、これは代表取締役だけを辞めてもらうという意味ですか？　取締役としてはそのまま残るということで？

震便会長　そのつもりだ。

汚腐税理士　それなら**取締役会です**。私を除く取締役の方の採決をとれば大丈夫です。

震便会長　では、採決をとる。飛来社長から代表取締役を退いてもらうことに

賛成の取締役は挙手を。

　発言と同時に、震便会長は倉内とノッ子を睨み付けた。その迫力に2人は手を挙げざるを得なかった。

　こうして、ドゥーアンは代表取締役ではなくなってしまった。

(5) 震便会長が代表取締役に復活する取締役会決議

汚腐税理士　これで代表取締役がいなくなりましたので、**代表取締役を選任しないといけません。**

震便会長　おお、そうだな。もちろん倉内やノッ子には任せられない。ワシが再び社長に戻るしかないだろう。

汚腐税理士　では、また取締役会ですね。決議をしてください。

震便会長　採決をとる。新たな代表取締役はワシでいいな。賛成の取締役は挙手を。

ドゥーアン　お父さん、せめて倉内さんかノッ子を代表取締役にしてください。

震便会長　うるさい！　おまえは黙っておけ。賛成の取締役は挙手を。

　そういって再び倉内とノッ子を睨み付けた。その迫力に、2人はまた手を挙げざるを得なかった。

震便会長　よし、これでワシが再び社長じゃ。会社を立て直すために社員を正していく必要がある。

(6) ドゥーアン取締役解任の決議

ドゥーアン　お父さん、本当にやめてください。社員をこれ以上苦しめるのは。

震便会長　お前はまだ逆らうのか！　もう取締役も辞めてもらうぞ。

ドゥーアン　私は辞めさせられてもいいです。でも、社員を苦しめないでくだ

さい。

震便会長　おおっそうか、**じゃあ望みどおり辞めてもらおう**。汚腐先生、これは株主総会ですかな。

汚腐税理士　そうですね。これは**株主総会で解任の決議です**。

震便会長　では、**再び臨時株主総会を開催する**。堂安飛来に取締役を辞めてもらうことに賛成の株主は挙手を。

倉内　私は賛成も反対もできかねます。申し訳ありませんが棄権します。

ノッ子　私も棄権します。

汚腐税理士　私は賛成です。実の父親にこんな態度はけしからん。

震便会長　ワシの動議だからもちろん賛成。汚腐先生、これで**飛来の解任は決定ですね**。

汚腐税理士　法的に有効ですね。

震便会長　では汚腐先生、これらの手続きを早急にお願いするよ。飛来、今謝るなら取締役として残してやる。謝る気はあるか。

ドゥーアン　私は間違ったことはいっておりませんし、謝る気はありません。

震便会長　頑固なやつだな、親の恩情を仇で返すとは。それなら書類ができたら印鑑押して、一社員から出直せ。

(7) ドゥーアン、会社を去る

　ドゥーアンは今回の経緯を社員に順に説明した。社員たちは半ば諦めムードで落胆し、中には号泣する社員もいた。ドゥーアンは、ただ社員達に頭を下げるしかなかった。

千田　社長、私たちが余計なことをいって本当に申し訳ございませんでした。

ドゥーアン　千田さん、もう社長ではないよ。これは自分の力の無さが招いた結果。守ってあげられなくてごめん。

千田　これからどうされるのですか？

ドゥーアン　一社員としては残してやるといわれたのだけどね。給与は修行の

身だから月額10万円になるらしく、私にも養う家族がいるからそれではやっていけない。**やはり責任をきっちりとって辞めるべきかと思っています。**

千田　寂しくなります。

ドゥーアン　本当に力不足ですまない。この会社は父親ではなく、みんなの頑張りと我慢でもっていると思う。みんなも本当に無理だと思ったら辞める決断してくれていいからね。それぞれ実力もあるのでどこでも通用すると思う。

千田　何とか、私たちはこのまま頑張ってみます。もし社長が何か会社を自分でされるときは、ぜひお声掛けください。

ドゥーアン　ありがとう。そういってもらえるだけで救いになる。でもまだまだ私は未熟者だし、もっと勉強して実力をつけてみるよ。その時にはよろしくね。

　数日後、ドゥーアンは荷物をまとめて堂安株式会社を去ることとなった。何もできなかった虚無感だけが彼の中に残った。何とか自分以外の誰も辞めることにならなかったことだけが唯一の救いであった。

秩父宮税理士のレクチャー

（1）株主総会〜会長の解任決議〜

　ドゥーアンは、会社を去ることになった経緯と今後どうしていくかの相談をしに、一銭洋食を手土産に秩父宮税理士事務所を訪れていた。

ドゥーアン　先輩すいません。相談せずにいろいろと行動してこのような結果になってしまいました。

秩父宮税理士　そうか、それは残念だった。せっかく社員たちがやる気を出してきて、改革すればよい会社になるだろうなと思っていたのに。

ドゥーアン　でも、仕方ないです。今はまだ私に力がないことがわかりました。もう少し修行して知識も力もつけて会社経営をしていきたい気持ちです。

秩父宮税理士　そうだな。今後のためにも今回の件を改めてどういうことか学んでおこうか。

ドゥーアン　よろしくお願いします。

秩父宮税理士　まず、**取締役を退任させるには、任期満了するか、辞任届を書いてもらうか、解任の決議をするしかないね**。堂安株式会社の場合、任期が10年でまだまだ先だから、ドゥーアンとしては会長自ら辞任をしてほしかったわけだよね？

ドゥーアン　はい、そうです。そういう考えでいました。

秩父宮税理士　でも、会長が辞任を言い出すわけがないから解任の決議をとるしかなかった。解任する方法として二つの方法があり手続きは以下のとおり。

❶　株主総会決議

　株主総会の普通決議による解任が可能。定款に記載のあるように出席した株主の過半数の議決権が必要なので、現実的には無理だろう。

定款抜粋

（株主総会の決議）
第21条　株主総会の決議は、法令又は定款に別段の定めがある場合を除き、出席した議決権を行使することができる株主の議決権の過半数をもって行う。

2　会社法第309条第2項の定めによる決議は、定款に別段の定めがある場合を除き、議決権を行使することができる株主の議決権の3分の1以上を有する株主が出席し、その議決権の3分の2以上をもって行う。

　また、今回の場合、**定款に記載のとおり7日前までに招集通知するなど、できていなかった不備があるので株主総会自体を無効とする主張は可能である**が、仮に再び開催したとしても結果は同じだろうし現実的ではないね。

定款抜粋

（招集通知）

第19条　株主総会の招集通知は、当該株主総会の目的事項について議決権を行使することができる株主に対し、会日の7日前までに発する。ただし、書面投票又は電子投票を認める場合は、会日の2週間前までに発するものとする。

---

❷　**解任請求**

　株主総会での**解任決議が否決された場合でも一定の条件のもと、役員の解任請求を提訴することが可能**。役員の職務の執行に不正の行為又は重大な法令若しくは定款に違反する重大な事実があったにもかかわらず、株主総会での解任決議が否決されたときには、原則議決権の3％以上の議決権を6カ月前から引き続き有する株主は、当該株主総会の日から30日以内に、訴えをもって当該役員の解任を請求することができる（会社法854条）。

秩父宮税理士　しかし、解任したとしても株主総会で新たな取締役として選任できてしまうから現実的ではないかな。**結局は株式を持っている人が強い。**

ドゥーアン　そうですね。今回僕は無力でした。解任請求なんて無謀なことをしてしまいました。

（2）取締役会～代表取締役の解職決議～

ドゥーアン　ところで、**解職と解任って違うのでしょうか？**

秩父宮税理士　代表取締役の「解職」と「解任」は、法的に意味が異なる。**解職とは、代表取締役を代表権のない取締役にすること。解任とは、代表取締役を取締役の地位から退かせること。**一般的には、解職と解任が区別されることなく混同して用いられることが多いけど意味合いは全く違うよ。つまり、ドゥーアンの場合、正しくは代表取締役が解職、取締役が解任なんだ。

ドゥーアン　なるほど、明確になりました。

```
定款抜粋

（取締役会の決議方法）
第31条　取締役会の決議は、議決に加わることのできる取締役の過半数が出
　席して、その出席取締役の過半数をもってこれを決する。
　2　決議について特別の利害関係がある取締役は、議決権を行使することがで
　きない。
```

秩父宮税理士　次に、代表取締役の解職の手順を確認しておこう。代表取締役の地位を解職するには、取締役会設置会社の場合、取締役会の決議によって行うことができる。**取締役会の決議は、定款に別段の定めがある場合を除き、議決に加わることができる取締役の過半数が出席し、その過半数をもって行う。**念のため定款を確認してみよう。

　今回、特に別段の定めがないので、決議の過半数で解職される。定款にも記載があるとおり、本来、当該議案の対象となっている代表取締役であるドゥーアンは特別の利害を有する取締役に該当するので議決に加わることはできない。**ドゥーアンを定足数に含めずに、残り3名の取締役の過半数が取締役会に出席し、その過半数が解職に賛成をすれば代表取締役を解職することができる。**

```
定款抜粋

（代表取締役及び役付取締役）
第28条　取締役会は、その決議により取締役の中から代表取締役社長1名を
　定め、他に代表取締役を定めることができる。
　2　代表取締役社長は、会社を代表し、会社の業務を執行する。
　3　取締役会は、その決議により取締役の中から取締役会長1名、取締役副会長、
　専務取締役及び常務取締役各若干名を定めることができる。
```

ドゥーアン　あのとき、父親の睨みでノッ子も倉内さんも賛成するしかない状況だったしこれも仕方ないですね。別に2人を恨んでいません。

秩父宮税理士　**代表取締役を解職したときは、その効力発生日から2週間以内にその旨の登記申請をすることで完了するんだ。**

ドゥーアン　そうでしたか。でも今回、僕は辞任届を書いて印鑑を押しました。

秩父宮税理士　登記の履歴事項証明書は誰でも閲覧できるので、登記上は解職となるとこの会社は何か揉め事があるのではないかと思われてしまう。**世間体を気にして辞任の登記にしたのだろうね。それはどこの会社でもよくすることだよ。**

ドゥーアン　なぜ辞任届を書いて押印するのだろうと思っていましたが、そういうことなんですね。

秩父宮税理士　先程、履歴事項全部証明書を確認したが、辞任になっていたよ。これはドゥーアンにとってもよいと思う。**もし誰かがドゥーアンのことを調べた際に解職された代表取締役だとわかったとしたら、この人は何か問題でも起こしたのかと思われてしまう。**

ドゥーアン　そうですね。会社のイメージも僕のイメージも悪くなってしまいますね。

秩父宮税理士　そのとおり。よほどのことでない限り、実務上このように登記をすることが多いよ。

(3) 取締役会〜代表取締役選任決議〜

秩父宮税理士　代表取締役がいなくなったから、改めて代表取締役を「選定」しないといけない。あと、これも解職と解任の言葉の違いと同じく、「選定」と「選任」は法的に違う。**選定とは、既に取締役であるものに代表取締役としての地位を与えること。選任とは、取締役や監査役を選ぶこと。**こちらも念のため、選定方法を定款で確認しておこう。

ドゥーアン　僕が代表取締役になったときは、父親が勝手に決めましたが今回は取締役会がきっちり開かれたことになるのですよね。

秩父宮税理士　定款に記載のあるように取締役会で代表取締役を定めることになっている。代表取締役は解職されているが、この時点ではまだドゥーアンは取締役ではあるので、**議決権はある。**

ドゥーアン　少し気になったのですが、解職の決議のときのように代表取締役の選定決議の場合、会長は特別な利害関係者に当たるとして取締役会の議決権

がないのでしょうか？

秩父宮税理士　残念ながら選任の場合、特別な利害関係を有する取締役にあたらない。

【特別な利害関係者にあたる取締役】

1	競業取引・利益相反取引の承認（会社法 356 条 1 項）における取締役
2	取締役の責任の一部免除をする場合（会社法 426 条）における当該取締役
3	譲渡制限株式の譲渡承認における取締役
4	監査役設置会社以外の会社における会社・取締役間の訴えの代表者選任（会社法 364 条）における取締役
5	代表取締役の解任決議における当該代表取締役

【特別な利害関係を有しない取締役】

1	代表取締役の選定について、その候補者である取締役
2	各取締役の具体的な報酬額の決定をする取締役会において、報酬を受けるべき取締役

　つまり、今回の取締役会は議決権のある取締役は 4 名いて 3 名以上が賛成しなくてはならなかった。ノッ子さんと倉内さんのどちらか 1 人でも反対すれば選定されなかったのだ。

ドゥーアン　先輩、これも仕方がないですよ。2 人は父親のイエスマンになるしかなかったと思います。それともう 1 点確認したいのは、定款に取締役会長 1 名、取締役副会長、専務取締役及び常務取締役各若干名を定めることができる、とありますよね。でも、履歴事項証明書に会長という登記はありません。これはなぜですか？

秩父宮税理士　社長・会長・専務・常務等という役付取締役は取締役会で選定されることが多いが、役付取締役は登記事項でないから登記はされていない。これも覚えておくといいよ。

ドゥーアン　わかりました。

（4）株主総会〜取締役解任決議〜

秩父宮税理士　しかし、取締役も解任されるとは思い切って反発したね。

ドゥーアン　気持ちが高ぶってしまいました。なんとしても父親に代表取締役になって欲しくなかったのです。

秩父宮税理士　仕方ないね。今回のケースでは株主総会の決議になる。会社法にその定めがあるので確認しておこう。

会社法抜粋

（解任）

第339条　役員及び会計監査人は、いつでも、株主総会の決議によって解任することができる。

2　前項の規定により解任された者は、その解任について正当な理由がある場合を除き、株式会社に対し、解任によって生じた損害の賠償を請求することができる。

ドゥーアン　結局、これも父親が株式を牛耳っているので好きにできてしまうのですね。招集通知などに不備があったとしても、最終的に父親が好き勝手できてしまうということが身に染みて理解できてきました。

秩父宮税理士　そう、こんな形で理解できてきたのは寂しい限りだが、**結果的に株主が強く、解任も累積投票で選ばれた取締役でなければ、普通決議で解任**できてしまうのだ。

ドゥーアン　累積投票とはなんですか？

秩父宮税理士　2人以上の取締役を同時に選任する場合に、株主が1株について選任すべき取締役の数と同数の議決権を有している。例えば、3人の取締役を選任するときは1株につき3票、その議決権を自分が推す1人にだけ集中投票してもよいし、また数人に分散投票してもよく、その結果、投票の多い者から順次取締役を選任する方法。

ドゥーアン　なるほど。その方法なら少数株主からでも取締役が選任される可

能性が残るわけですね。

秩父宮税理士 そう、理解が早いね。そのメリットがある反面、**少数株主から思いもよらない取締役が送りこまれるリスクもあるので中小企業の場合は累積投票にはよらない方が一般的**といえる。

ドゥーアン そうですよね。実際には怖い面もあるのがよくわかります。

定款抜粋

（取締役の選任）

第26条 取締役は、株主総会において、議決権を行使することができる株主の議決権の3分の1以上を有する株主が出席し、その議決権の過半数の決議によって選任する。

2 取締役の選任については、累積投票によらない。

秩父宮税理士 堂安株式会社の場合、定款で確認しても取締役の選任について累積投票は認めていない。したがって、**普通決議により解任できてしまう。**とはいえ、**3分の2の株式を会長が持っているから結果は同じ**だね。

ドゥーアン どうしたって父親の独裁が可能ですね。

秩父宮税理士 きっと実行はしないだろうが、**ドゥーアンは会社に対して会社法に記載があるように正当な理由がないものと主張して、解任によって生じた損害の賠償を請求することができる。**基本的には、損害賠償額は任期満了までの役員報酬の総額が対象になる。

ドゥーアン そうなのですね。でも、それはさすがに僕にはできませんね。

秩父宮税理士 会社法が改正され、任期を10年に安易にしてしまうとこういうところが怖いんだ。身内ではない者を取締役にしてしまって、いざ辞めさせようと思うとこのリスクが生じてくる。このため、家族以外の取締役を入れる場合には、任期は10年ではなく、もともとの2年の任期を私としては強く推奨するよ。

ドゥーアン 例えば、倉内さんが今回の僕のように解任されたら、損害賠償請求される可能性がないといえないですね。

秩父宮税理士 そのとおり。万が一、会社に貢献してきた倉内さんがそのよう

な仕打ちにあえば、逆にそのようなことをアドバイスすることで守ってあげることもできるしね。

ドゥーアン　わかりました。

(5) 会社はいったい誰のものか？

ドゥーアン　会社とは、いったい誰のものなのでしょうか？

秩父宮税理士　難しい質問だよね。日本では経営者のものであるとか従業員のものであるとか社会のものであるとか様々な意見があるが、**法律的には株主のものというのが正解だろうね**。中小企業の場合、「株主＝経営者」であるので独裁者が生まれてしまうこともある。

ドゥーアン　そうですね。実際にうちの場合がそうですね。

秩父宮税理士　しかし、一概に株主兼経営者が悪ともいえない部分もある。このあたりは、株主、経営者、従業員とそれぞれ三者の立場から、利益が出た場合や逆に赤字になった場合で考えるとよく理解できる。

【会社に利益が出た場合】

株主から考えると、	利益を配当として還元してほしいし株の価値もあがる
経営者から考えると、	利益を役員報酬やストックオプションなどで還元してほしい
従業員から考えると、	利益を給与の増額や賞与で還元してほしい

と願うはずで利害は一致する。

【赤字や倒産のリスクがでた場合】

株主は、	赤字が続けば配当はなく株価が下がり、株式はただの紙切れになる可能性もある
経営者は、	赤字が続けば、解任されたり大幅に役員報酬の減額の可能性がある。最低賃金もないし残業代ももともと関係がない。また、社内に不祥事等が起こった場合に賠償責任や刑事責任などに問われるリスクがある

| 従業員は、 | 赤字となっても即座に給料が減額されることはあまりなく、法的にみると解雇は難しくされにくい。最低賃金で守られていて、残業代も法的に守られている。倒産したとしても給料は優先債権としてもらえ、失業保険もすぐにもらうことができる。 |

このようにリスク面からいえば、「株主＞経営者＞従業員の順」になる。

ドゥーアン　いわれてみればそうですね。株主や経営者にはリスクがかなりある。

秩父宮税理士　そう、でも今回のお父さんのようにどこか勘違いしてしまうと、歯車が狂ってくる。会社をよくしていこうと思えばやはり人は宝なのだから、従業員とはよい関係でやりがいのある職場を築いていく必要がある。結局、現場で利益のために頑張ってくれるのは従業員なのだから。

ドゥーアン　本当にそうですよね。人って宝です。

秩父宮税理士　私の答えとしては、会社はきれいごとではなく、株主、経営者、従業員みんなのものだと思う。株主は経営を行ってくれている経営者のことを思い、経営者はもともとのお金を出してくれている株主を敬う。株主や経営者は会社のために働いてくれている従業員のことを思い、従業員はリスクを負っている株主や経営者を敬う。この関係が成立すれば会社はよい方向に進んでいくだろうね。

ドゥーアン　本当にそのとおりだと思います。もし、僕が力をつけて会社をもう一度経営する立場になったときにはそのような会社を目指しますので、先輩、その時は顧問になってください。

秩父宮税理士　もちろん喜んで。その時には顧問料を月額1,000万円くらいもらうよ。

ドゥーアン　先輩、そんな冗談いわないでくださいよ。でも、このたびは一銭もとらずに相談にのってくださってありがとうございました。今夜は接待させていただきます。

秩父宮税理士　おお、嬉しいね。じゃあ、祇園の高級割烹に連れていってもらおう。

ドゥーアン　いや、そこまでのお金はありません。ちょっと高い海鮮居酒屋く
らいで許してください。

秩父宮税理士　そしたら、そのかわりタックルで払ってもらうよ。

ドゥーアン　わかりました。どんどんきてください！

　秩父宮税理士は勢いよくタックルに行くのかと思いきや、その手はドゥーア
ンの肩を組みこういった。

秩父宮税理士　苦しかっただろう。悔しかっただろう。今日はタックルはいい
から再出発のために飲みまくろう！

　そういって、夜の街に消えていった。

プロフィール

社会保険労務士　堀下　和紀（ほりした　かずのり）

1971 年福岡県生まれ。堀下社会保険労務士事務所所長。エナジャイズコンサルティング株式会社代表取締役。社会保険労務士。同志社高校卒業、慶應義塾大学商学部卒業。明治安田生命保険、エッカ石油経営情報室長を経て現職。顧問約 200 社。職員約 30 名。全国でセミナー・講演会年 30 回以上。新聞・ＴＶ出演多数。労働紛争問題解決の第一人者。

＜著書＞

『なぜあなたの会社の社員はやる気がないのか？〜社員のやる気を UP させる労務管理の基礎のキソ〜』（日本法令）

『織田社労士・羽柴社労士・徳川弁護士が教える労働トラブル対応55の秘策』（日本法令）

『三国志英雄が解決！問題社員ぶった切り四十八手』（日本法令）

『労務管理は負け裁判に学べ！』（労働新聞社）

『訴訟リスクを劇的にダウンさせる就業規則の考え方、作り方。』（労働新聞社）

『ブラック企業ＶＳ問題社員』（労働新聞社）

『女性活躍のための労務管理 Q&A164』（労働新聞社）

『社労士事務所に学ぶ中小企業ができる「働き方改革」』（労働新聞社）

『労務管理は負け裁判に学べ！2』（労働新聞社）

『「人事・労務」の実務がまるごとわかる本』（日本実業出版社）

『社労士・弁護士の労働トラブル解決物語』（労働新聞社）

『「労務管理」の実務がまるごとわかる本』（日本実業出版社）

『社労士・弁護士の労働トラブル解決物語2』（労働新聞社）

＜連絡先・コンサルティング依頼先＞

堀下社会保険労務士事務所　http://www.horishtia.com

沖縄県浦添市西洲 2-2-6 組合会館 2F

098-942-5528

info@horishita.com

プロフィール

税理士　岩浅　公三（いわさ　こうぞう）

1970年京都市生まれ。岩浅税理士事務所所長。株式会社FPテラス代表取締役。同志社大学商学部卒業。一般企業、公認会計士税理士事務所勤務を得て独立し現職。1997年に税理士試験に合格し翌年に登録後、行政書士、CFP、1級FP技能士などの資格を取得し、主に中小企業の税務・会計はもとより、私的再生計画策定業務、補佐人として税務訴訟の法廷にたつなど、常に顧客側の立場に立ち、幅広い分野で活躍している。京都府中小企業再生支援協議会外部専門家、認定経営革新等支援業務者、各社監査役。

＜執筆実績＞

2009年6月5日発行　『中小企業の経理の仕事』　四方宏治編　第Ⅱ部　最も大事な節税の話－税務編、最後に－経理部の仕事（中央経済社）

2011年4月1日発行　『これだけは知っておきたい 経営計画Q＆A』(TAC出版)

2013年11月28日発行　『教育資金の非課税特例』（株式会社税経）

2014年6月2日発行　『飲食費と交際費課税』（株式会社税経）

2013年6月号　企業実務「特定支出控除の使い勝手がよくなりました」

月刊　近代中小企業（株式会社データエージェント）

　　2006年9月号　税務Q＆A　「どの同族会社に当たるか？」

　　2006年11月号　税務Q＆A　「会社を守る事業承継のポイント」

　　2007年1月号～4月号　「税金はもっと安くなる 決算書作成のコツ」

　　2007年12月号　小冊子「債権回収の極意」

　　2008年4月号　小冊子「会社のしくみが分かる本」

　　2008年6月号　小冊子「数字オンチは社会人NG」

＜連絡先・コンサルティング依頼先＞

岩浅税理士事務所　http://www.iwasa.info

京都市下京区仏光寺通麩屋町西入ル仏光寺東町129番地9

075-343-1888

kozo@iwasa.info（岩浅宛）

tax@iwasa.info（事務所宛）

ドゥーアン社長の逆境

社労士と税理士が教える会社のしくみ

ヒドイ会社はどこがダメなのか？

2020 年 11 月25 日　初版

著　　者　社会保険労務士　堀下　和紀　　税理士　岩浅　公三

発 行 所　株式会社労働新聞社
　　　　　〒173-0022　東京都板橋区仲町 29-9
　　　　　TEL：03-5926-6888（出版）　03-3956-3151（代表）
　　　　　FAX：03-5926-3180（出版）　03-3956-1611（代表）
　　　　　https://www.rodo.co.jp　　　　pub@rodo.co.jp
イラスト　渡辺　貴博
表　　紙　尾﨑　篤
印　　刷　モリモト印刷株式会社

ISBN 978-4-89761-831-9